中国少先队工作学会“十二五”课题　　广东省社会科学院青少年成长教育研究中心重点课题

媒介素养

（教案）

MEIJIE SUYANG

教师用书

张海波　主编

南方日报出版社
NANFANG DAILY PRESS
中国·广州

图书在版编目（CIP）数据

媒介素养．教案 / 张海波主编．—广州：南方日报出版社，2013.8
ISBN 978-7-5491-0870-1

Ⅰ．①媒… Ⅱ．①张… Ⅲ．①传播媒介—教材 Ⅳ．①G206.2

中国版本图书馆CIP数据核字(2013)第118031号

媒介素养（教案）·教师用书 张海波 主编

出版发行：南方日报出版社
地　　址：广州市广州大道中289号
电　　话：（020）83000502
经　　销：全国新华书店
印　　刷：广东信源彩色印务有限公司
开　　本：787 mm×1092 mm 1/16
印　　张：13.75
字　　数：253千字
版　　次：2013年8月第1版
印　　次：2013年8月第1次印刷
定　　价：39.00元

投稿热线：（020）83000503　**读者热线**：（020）83000502
网址：http://www.nfdailypress.com/
发现印装质量问题，影响阅读，请与承印厂联系调换

《媒介素养》丛书顾问委员会名单

（按姓氏笔画排序）

《媒介素养》丛书编辑委员会名单

主　　编：张海波

编　　著："青少年媒介素养教育研究"课题组

编　　委：杨晓红　郑旖旎　金光风　陈启立

　　　　　邱丽华　敖爱珠　吴姗滢

插图设计：麦洁君　古雯瑶　吴启凡

目 录 CONTENTS

上篇

理论研究

1

第一章　少先队媒介素养教育综述

当代少先队员是新媒介环境下成长的一代，他们已经处于媒介化生存之中。

如果说上一代少先队员是和报刊、电视一起成长的，那么当代少先队员就是和网络、电脑、手机一起成长的一代。他们对电脑、手机等电子信息产品，就像上一代人用笔和纸一样的自然和必需。这些新媒体的信息互动、搜索、交际、音乐、游戏等功能，已经成为孩子们生活的重要组成部分，深刻影响着他们的学习、生活、交往、娱乐和思维方式。但对于作为未成年人的少先队员来说，如果引导不力、使用不当，当下的媒介环境也会对少先队员的成长产生相当严重的负面影响。

同时，人类社会进入信息时代以来，媒介成为现代社会一种极为重要的资源。若没有合理使用这种资源的能力，一个人会沦落为信息时代的弱者，一个阶层会沦落为信息时代的弱势群体，一个民族则会沦落为信息时代的弱势民族，一个国家就会沦为信息时代的弱国。

少先队时期是一个人道德品质、公民素养形成的关键时期，也是其人生观、世界观、价值观形成的关键时期。在当前形势下，世界经济全球化、政治多极化、文化多元化、社会复杂化，网络、手机、微博等新媒体形式深刻地影响、改变和塑造着少年儿童，并对他们的思维、心理、道德、价值观产生强大的冲击。置身于复杂的媒介环境中，引导少年队员全面认识媒介，正确看待和使用媒介，并通过媒介认识世界，理性表达，发展自我，在吸收国际先进文化、信息的同时，继承国家和民族优秀的传统文化、培养良好的公民素养，提升整体国民在信息时代的国际竞争力，成为新时代少先队工作的重大社会责任和历史使命。

实施媒介素养教育是信息时代对少先队工作提出的必然要求，是少先队工作顺应时代潮流的表现，也是在新媒介发展速度突飞猛进的21世纪，对未成年人进行思想道德教育，提升他们信息技术与综合社会实践能力的崭新途径和有效方式。

第一节　当代大众媒介对少先队员的影响

一、当代少先队员是和新媒介一起成长的一代，他们是移动互联网时代的原住民，他们不仅是媒介信息的接受者，还是主动的使用者和传播者。

当代少先队员都是2000年后出生的一代，他们生活在新媒介飞速发展的时代；他们是互联网的原住民；他们是数字时代的产物。

21世纪以来，从个人电脑到手机，再发展到以iPhone为代表的智能手机和以iPad为代表的平板电脑，手机已从单纯的通信工具发展为综合性的个人智能移动信息终端。特别是2011年以来，基于智能手机、移动互联网的以微博、微信为代表的应用真正全面爆发，深刻地改变着人们的交流方式、表达途径和社会参与路径。当代少先队员几乎从一出生就处于这种新媒介所带来的变革之中。以“苹果”为代表的新一代媒介，塑造了这一代儿童的生活、交流、娱乐和学习方式，因此我们将“00后”一代儿童形象地称为“苹果世代”。（相关研究见《苹果世代：“00后”儿童的媒介化生存及其媒介素养教育研究》）

与以往不同，在微博、微信等新媒介工具环境中，少先队员不仅是媒介信息的接受者，还是主动的使用者和传播者。这对教育、政治和社会等各个领域都将产生深远影响和巨大挑战。

二、新媒介环境为少先队员的学习提供了视、听、触多感官同步的媒体资源和学习方法，为他们主动学习提供了前所未有的资源和平台。

平板电脑、智能手机的出现，使得当代少先队员成为“屏幕一代”和“手指一代”，他们接触的图像信息、视听资源大大超过他们的父母。便捷的上网方式和触手可及的智能设备，使他们可以随时方便地通过互联网获取大量信息。这不但改变了少先队员获得信息的方式，也影响了他们的学习方式。

新媒介为少先队员提供了空前丰富的学习资源和便捷的学习途径。新媒介内容包罗万象、形式丰富多彩，这一方面对少先队员们自主学习的能力提出了更高的要求；另一方面由于网上充斥各种庞杂信息，对他们辨别信息真伪、美丑、科学合理安排时间等都提出了挑战。

三、新媒介为少先队员创造了突破时空局限的实时和虚拟交往空间，为他们社会交往和表达自我提供了空前的便利机会。

借助新媒介，当代少先队员可以随时随地轻松点击网络，掌握与全球对话的主动权，通过文字、声音、图像与世界同步，即时聊天工具、网络游戏、博客和网络社区则为少先队员创造了广阔的虚拟交往空间，改变了他们的人际交往模式。他们可以通过网络认识朋友、组织新型社团，并且通过网络展示和表达自我，了解世界变化，发表意见。这些对其成年后的人际交往方式、社会参与和政治参与方式都将产生深远影响。

四、新媒介成为当代少先队员的新型娱乐休闲方式，基于新媒介，他们更早地与成人世界接轨，同时创造着属于自己时代的少儿文化。

以iphone、iPad为代表的新媒介成为当代少先队员最喜爱的玩具之一。玩游戏、看视频、听歌成为孩子们课余生活的一大乐趣。新媒介的易用性和互动性，还使孩子们可以利用新媒介的各种功能，轻易地将自己的所见所闻所感，用文字、声音和图像的方式进行传播，并在自己的社群中互动，他们一方面更早地通过新媒介感受和模仿着成人世界的各种娱乐消费文化，另一方面又可以快速地在自己的圈子里形成属于自己的新时尚、新潮流。

五、新媒介在拓宽少先队员信息资源的同时，也蕴含着风险，如果引导教育不力，对他们的成长及未来社会构建也存在负面影响及挑战。

由于少先队员正处于心智发育的未成年期，面对媒介所制造的“媒介世界”中庞杂的信息，往往缺乏辨识和批判力，对于其中一些不合情理和超出现实世界的虚拟内容，往往容易作合理化接受，从而造成行为上的偏差。

同时，在“人人皆可成为记者”的微博时代，如果不从小培养儿童理性表达及媒介参与能力，又可能对未来社会的转型和建设造成冲击。

长期以来，有关政府部门往往通过加强内容监管、净化信息环境等措施，希望构筑起一道道“防火墙”，把不良信息和有害信息堵在外面。但一味采取“堵”的方式，在现在的新媒介环境中几乎无法实现。因此，在少先队员中普及媒介素养教育，让更多的少先队员拥有现代社会一种重要生存本领——媒介素养，成为积极主动理性的媒介信息的接受者、使用者和传播者，趋利避害，让媒介更美好，成为新时代教育工作者的使命。

第二节　开展少先队媒介素养教育的意义和作用

大众媒介对儿童成长有着如此深刻的影响，那么如何让大众媒介对儿童成长产生更多有益的影响，就成为全社会关注的重大课题。

从上世纪30年代开始，世界各国特别是欧美等发达的资本主义国家，就媒介素养问题进行了许多有益的探索。如何让媒介更美好，目前世界各国对此普遍的方法是，国家立法、社会推动、媒体自律和开展媒介素养教育等。

一、媒介素养教育是信息时代国际教育的热点

回顾历史，媒介素养教育的主线一直与那个时代的新媒介发展，以及围绕这些新媒介对儿童的影响，如何"趋利"与"避害"这两条主线进行的。

一方面，学者们对报刊、电影、电视和网站中的不良信息，对儿童可能产生的不利影响进行抵抗或防范，一方面一线的教育工作者们和新媒介的创造者，又自觉或不自觉地利用新媒介作为对儿童进行教育的新工具和新载体。据加拿大媒介素养教育专家考证：德国是世界上首先引入媒介教育的国家。该国在17世纪开始出版日报并将报纸引入课堂，让学生通过报纸内容了解德国社会。世界上最早鼓励"媒介素养"的团体是天主教会。1938年庇乌十一世（Pius XI）发布昭告，即写了一封致天主教徒的信：鉴于电影已成为年轻人生活的重要部分，应该对年轻人开展关于电影的教育。不过，学界通用的说法是，20世纪30代，"媒介素养教育"起源于英国，发展于加拿大、澳大利亚、美国以及其他欧美发达国家。

正式在研究文章中提出"媒介素养教育"的英国文化研究学者利维斯，于1933年与汤普森出版了文化批评论著《文化与环境：培养批判的意识》，首次倡导"媒介素养教育"进入学校课堂教育。同一时期，丹麦的一些教育工作者开始倡导并尝试在中小学开设"媒介素养教育"课程或讲座，以培养学生对正在普及的电影、广播等视听媒介的欣赏和判断能力。随着电视、电脑和互联网的发展，特别是20世纪70年代以后，无论是在发达国家，还是在发展中国家，人们接触和享用传

媒资源的机会和时间都在增加，越来越多的国家和地区感觉到了发展“媒介素养教育”的必要性。

在欧洲，一些国家的政府部门对学校实施“媒介素养教育”做了规定，要求小学、中学乃至大学开设“媒介素养教育”课程，或在有关学科中增加“媒介素养教育”的内容。

纵观世界各国“媒介素养教育”发展的过程，大致分为三个阶段：第一阶段是1930年至1960年，“媒介素养教育”概念提出后，逐步推广到欧美发达国家，引起社会学、传播学、文化学、教育学等领域学者的广泛关注和研究，一些国家开始倡导和尝试在大、中、小学开设“媒介素养教育”的相关课程和讲座；第二阶段是1970年至1980年，许多国家和地区在青少年中开始普及“媒介素养教育”，由于各国政府和联合国教育、科学及文化组织（简称联合国教科文组织）的介入，学校的“媒介素养教育”开始形成规模，英国、澳大利亚、法国、加拿大、芬兰、挪威、瑞典、瑞士等国家将“媒介素养教育”正式纳入正规的教育体系，并不断得到重视和强化；第三阶段是1990年至今，随着计算机的普及、网络的兴起，以及数字多媒体技术的广泛应用，媒介在社会中的地位和作用日益突出，对青少年的影响越来越大，“媒介素养教育”不仅在发达国家进一步得到规范和深入发展，并开始向许多发展中国家扩散。“媒介素养教育”被视为公民教育的基本教育内容，形成了以政府引导为基础、各种非政府的学术组织和社会团队广泛参与、社会化与国际化的教育格局，成为具有信息时代特征的世界性现象。

联合国教科文组织自1960年介入“媒介素养教育”，几乎每10年就举办一次传媒教育的国际会议。1978年，联合国教科文组织出台了《媒介素养教育方案》。1982年，联合国教科文组织在国际“媒介教育”研讨会上发表《关于媒介教育的格伦沃尔德宣言》，提出政府和教育系统都应当促进公民对传播现象的批判性理解，并应促进公民参与到媒介运作中。2007年，联合国教科文组织发布了《关于媒介教育的12项建议》。2008年1月，联合国在西班牙马德里召开的“文明联盟论坛”，首次将“媒介素养教育”议题列入会议专场。

最近，联合国组织又致力于将媒介素养教育与信息素养教育进行有效的融合。因此，现在联合国媒介教育的官方网站上，将其称为“媒介与信息素养教育”。这也反映了新媒介发展与信息技术发展日趋融合的关系。

“媒介素养教育”在我国的发展，有一个曲折的过程。

其实早在20世纪20年代，民国著名记者邵飘萍就曾经讲过“新闻知识应列入国民普通知识之一”，这应该算是我国最早的“媒介素养教育”理念。在20世纪90年代，中国一些专家学者开始把“媒介素养教育”引入中国并开始逐步在学校中试点推广实践。

随着经济的发展，我国新闻出版、IT通信产业和新闻传播事业迅猛发展，目前我国的电视用户、手机用户和网民数量都是世界第一。2012年，中国又首次超越美国成为全球最大的智能手机市场，这意味着在移动互联网这一波浪潮中，中国首次与世界同步，并走到了世界前列。这一波媒介科技发展浪潮中，中国的少年儿童与世界发达国家少年儿童的新媒介应用几乎保持同步发展。

然而与世界发达国家比，我国对媒介教育的研究和实践还相当薄弱。但是我们相信，随着全社会对媒介的重视和新一代中国家长观念的提升，中国的媒介研究和“媒介素养教育”，终将伴随着媒介的高速发展，一同进入迅速普及与深入发展的快车道。

二、少先队时期是开展青少年媒介素养教育的关键期

按照教育的关键期理论，我们认为少先队员所处的小学和初一这个年龄段是进行媒介素养教育的关键时期。少先队时期正是接受思想道德教育、形成正确的人生观、价值观、政治社会意识的关键期，媒介素养教育作为公民教育的重要内容，正契合了少先队教育的主题内容。

同时，少先队时期，正是孩子们接受正规学校教育的起步期，学习欲望强，是各种习惯养成和能力培养的关键时期，也是对学生们进行媒介知识和基本技能培养的最佳年龄段。

另外，近年来随着生活水平的提高和新媒介的影响，孩子的青春期普遍提前。小学的中高年级和初一正处于青春期，这一时期，学生由于好奇心和模仿能力强、辨别是非和自控能力较差，媒介的不良内容更容易对其产生不良影响，网瘾和网恋等问题也多高发于这个时期，因此这时通过媒介素养教育对学生们及时进行教育和引导就显得非常重要了。

三、媒介素养教育为新时期少先队工作注入新能量

今天，新媒介的发展，使得少年儿童的思想道德环境空前生动复杂且多元化，这给少先队工作提出了新的要求和挑战。如何在新媒介快速发展的环境下，对少年儿童进行科学的引导和教育，使他们从小树立正确的人生观、价值观，让他们在复杂多元的新媒介环境下，保持自己的独立思考和理性表达能力，使之成为信息时代合格的公民，这是新时期少先队工作的重大课题。在这方面，媒介素养教育无疑给广大少先队工作者提供了全新的视角、有效的教育途径和有力的工作助手，为新时期少先队工作注入了新能量。

一是媒介素养教育为少先队工作提供了鲜活的教材。毋庸置疑，在儿童道德、价值观的形成中，媒介起着至关重要的作用。报刊、广播、电视、网络等大众媒介，对社会生活的及时报道，给少先队工作者对少年儿童进行思想道德教育提供了鲜活的教材。及时选择大众媒介提供的鲜活案例，让少年儿童结合所学的知识，结合实际生活进行讨论思考，是进行思想品德教育的有效方法。

二是媒介素养教育为少先队工作提供了有效的工具。在新媒介环境下要实施有效的教育，就必须熟悉和研究当代儿童喜闻乐见的媒介工具。相对于红领巾广播站、黑板报、少儿报刊等传统教育媒介外，动漫、网络、QQ、博客、微博、平板电脑、手机等新媒介，为少先队教育活动提供了新工具、新载体。原团中央书记处第一书记陆昊2012年4月在共青团中央工作交流会上表示，共青团中央推动各级团组织相互学习借鉴、寻找差距，努力更好地运用新媒介手段和文化载体做好青少年工作。他指出，全团要继续坚定用好新媒介和文化时尚手段的工作方向；要特别注意新媒介和传统媒介相融合的混合型媒介，并通过新的商业模式加强与电视、广播等有影响力的传统媒介合作；要通过组织、策划、设计以及推介等方式，积极联合专业力量、市场力量，推出有一定水准的文化产品。这些都为新时期少先队工作充分运用新媒介指明了方向。

三是媒介素养教育为少先队开展素质教育并进行活动课程实践提供了新的途径。少先队的教育活动作为素质教育的有效内容，一直发挥着课堂教育无法取代的作用。媒介素养教育以其鲜明的时代特征为信息时代的素质教育提供崭新的主题和内容。少年儿童从小培养“能听会说”的媒介知识和技能，本身就是时代的要求。由于媒介素养教育关注少儿运用媒介主动获取信息、分析信息、整理信息和发布信

息的能力，以“准媒体人”（小记者）的身份通过采访实践活动观察社会、体验社会、记录报道新闻事件，因此它是进行研究性学习和综合社会实践活动的有效途径。媒介素养教育在国外实践多年，有着一套相对成熟的教育理念和实施方法，并在不少发达国家的学校教育中实施多年，可以成为少先队活动课程中重要的组成部分。

四是媒介素养教育为少先队开展公民教育提供了新方法。就世界范围来看，尽管现代各国公民教育的内涵、途径各有不同，但公民教育最基本的理念大致相同，都把培养合格公民作为基础教育的首要目标。在我国，党和政府历来重视公民教育，特别是青少年的公民道德培养。2001年，中共中央颁发了《公民道德建设实施纲要》，把公民道德建设提到重要议事日程，提出学校要进行系统的公民道德建设。2002年2月，团中央、教育部、国家广播电影电视总局等共同发起了“中国小公民道德建设计划”。但总体来讲，与社会快速发展相比，我国公民教育还相对滞后，可以充分发挥少先队组织的先进性，进行少年儿童的公民教育实践，实现少先队教育与公民教育的有效融合，培养他们积极关心及参与公共事务，使他们成为具有规则意识与责任意识，弘扬民族优良传统和优秀文化，认同、理解、遵守与维护国家法律法规和社会公德的现代公民。这同时也是传统德育在新形势下不断发展的必然要求。而在公民教育中，媒介素养教育可以发挥重要作用。特别是在“人人皆可成为记者”的微博时代，在中国社会转型发展的时代背景下，从小培养少年儿童通过媒介理性表达、社会参与的能力，对其未来公民意识和能力的形成将起到重要作用。

第三节　少先队媒介素养教育活动的主题及理念

我们认为，新时期少先队媒介素养教育活动的主题是：

在移动互联网成为主流媒介，在“人人皆可能成为记者”的微博时代，在保障和促进少年儿童媒介使用权利的基础上，从小培养儿童全面认识媒介、正确使用和有效利用媒介的能力，使之成为信息时代合格的公民。

少先队媒介素养教育活动的核心理念是保障权利和提升能力。

一、与时俱进的素养与多媒体读写能力

媒介素养作为少年儿童的基本素养之一，也是信息时代儿童成长发展必备的能力之一。在国际教育学界，现已普遍认可，媒介素养是儿童的重要素质和能力。美国媒介教育学者詹金斯说，“媒介素养应该被看作是一项社会技能，是年轻人必须学习的技能，如果他们想要平等地参与到明天的世界中去的话。”

在英文中传统“素养（literacy）”的定义是指基于印刷物的读写能力（ability to read and write）。也就是说，“素养”这个概念与印刷类媒介有关，特别是书籍。文字出现以来，这便是人们参与社会生活必须具备的基本能力，也是教育的基本任务。古人把孩子接受教育通俗地概括为“读书识字”即是此意。信息时代之前的教育，是老师在课堂上，通过书本教授知识，而在信息时代，无处不在的各种媒介时刻传播着各种信息，对孩子的教育时刻在产生影响。传统意义上的“素养”主要指的是文字的读写能力，而信息时代仅靠文字的读写能力，已经满足不了时代发展要求了。

在新媒体时代，人们对于海量信息的获取、辨别、分析、传播的能力；人们对层出不穷的新技术的运用能力；人们面对无处不在的屏幕，对于图像的获取、制作能力；人们通过新兴社交媒体与人沟通、交往、表达的能力，这些都是传统“素养”概念所无法包含的。因此才出现了“媒介素养”、“信息素养”、“图像素养”、“网络素养”等概念对其进行延展和补充。

可见，随着人类媒介的发展，“素养”这个词也是一个与时俱进的历史概念。有专家认为信息时代的“素养”应该是“个人与外界能进行合理而有效的沟通或互动所需具备的条件”。

同时，我们可以看到，“媒介”这个概念进入教育本身就意味着教育视野的扩大，教育中阅读的提出，是对课本的拓展，因此广泛的阅读通常指的是阅读课外书。报纸杂志出现后，课外阅读又扩大到“图书报刊”。电影广播电视出现后，有了“大众媒介”这个词。我们可以见到，一个新名词的出现，主要是要涵盖新出现的事物，媒介进入教育范畴，意味着教育的资源、工具和方法的拓展。

21世纪以来，以微博为代表的社交媒体的出现，使人人都可以成为记者。媒介素养的内涵又进一步扩大。在新媒介环境下，儿童可以成为传播者，成为小记者，可以创制自媒体了，每个人可以通过自媒体进入公共空间进行表达和参与公共事务

的讨论，那么从小培养孩子作为一个公民记者的能力又成为微博时代媒介素养教育的主题。

这就像汽车普及后，人人可以成为司机，以前作为司机的专业驾驶知识成为普通人必备的常识一样，现在人人成为记者，那么以前属于专业记者的新闻知识就要成为每个公民的常识了。正如邵飘萍说，新闻知识应列入国民普通知识之一。在微博时代，这句话有了更为现实的实现可能。

从新世纪儿童全面素质和能力构建的视角来看，基于多媒体读写能力的儿童媒介素养是其核心能力之一。在《21世纪技能——为我们所生存的时代而学习》（伯尼·特里林，查尔斯·菲德尔. 天津社会科学院出版社，2011）一书中，作者提出21世纪最亟须的三套技能是：学习与创新的技能，信息、媒介和技术技能，生活与职业的技能。作者又将第二套技能称为“数字化素养技能”，即理解信息、熟练运用媒介和数字手段的能力。

该书作者还认为，在今天的融合媒介时代，广义的媒介素养应是媒介、信息和技术素养的统称，核心是指对于书报、广播、电视、电脑、手机、网络等媒介的多媒体读写能力。

读写能力就是儿童作为媒介的接受者、使用者和传播者这三种角色并存的情况下，儿童对媒介的全面运用能力。

“读”的能力包括了解和使用媒介的各种知识和技能，懂得访问处理信息、辨别信息的能力；“写”的能力包括了利用媒介去制作、创造各种媒介信息，进行展示、交往、表达和参与的能力。

二、新媒介环境下的儿童传播权利

从世界媒介素养教育发展的主流和中国社会转型的大背景来看，媒介素养是公民素养的重要组成部分。儿童媒介素养的核心是赋权，也就是保障和发展儿童传播权，媒介不单是一种将信息传播给儿童的载体，还是儿童表达自己声音的工具、儿童学习社会参与的工具。这样的媒介素养实践的目的，是通过传播赋权给儿童。

媒介已经成为当代儿童生存发展的最重要资源之一。儿童通过媒介娱乐、沟通、学习、表达。特别是媒介使儿童获得了发展对世界的认识，并形成自己的意见的见解的机会。由于新媒介的发展，使得当代儿童有了有史以来最强大的获取适合自己发展的信息资源的机会，依靠新媒介，儿童有可能比以往任何时候都更能够获得平等、民主的地位和充分发展的机会。

正因为媒介对儿童发展的重大意义，国际社会一直关注儿童享有媒介资源的权利问题。1959年11月20日，联合国大会通过了《儿童权利宣言》，并在1989年通过了《儿童权利公约》，我国在1990年8月29日正式签署了联合国《儿童权利公约》，公约中在儿童的媒介使用方面有三项重要权利：媒介接近权、有益信息的知晓权和媒介参与权。《儿童权利公约》第12条指出，“缔约国应确保能够形成自己看法的儿童有权对影响儿童的一切事项自由发表自己的意见，对儿童的意见应按照其年龄和成熟程度给以适当的重视。”第13条进一步指出：在遵守法律以及在“尊重他人的权利的名誉”，或保护国家安全或公共秩序或道德的基础上，国家应确保儿童有自由发表言论的权利，从媒介尤其是儿童媒介中应该听到儿童的声音。

1996年召开的“信息社会世界高峰会议”认为“传播权”指“运用媒介、取得资讯、表达意见、进行传播、免受媒介侵害个人权益，以及接受媒介素养教育”。这里强调了儿童作为媒介主动使用者的角色，并且把媒介素养教育作为教育的重要内容。

回顾历史，在网络，特别是以微博、微信等为代表的社交媒体出现之前，儿童的媒介参与权的载体和渠道不多。在报纸、广播、电视等传统大众媒体时代，儿童的媒介参与和自由表达受到较大限制：一是在整个成人办的大众媒体中，儿童相对发言的机会较少，也极易受到大人的“操控”，在大人的导演和把关人的过滤下，较难反映儿童真实的心声；二是由于以单向传播为主，儿童较难与媒介形成真正的互动，儿童自主参与的意愿相对较低；三是表达的门槛较高，由于报刊类对文字的要求较高，广播电视节目对语言表达和形象展示又有一定的要求，因此儿童中参与的机会是不均等的，往往只是所谓少数“精英”在发言。但是网络的出现，特别是QQ、微博等的出现较大地改变了这一局面。由于技术进步，媒介工具的易用性给了儿童前所未有的使用机会。因此儿童自由表达和媒介参与的热情被大大唤发，机会和空间大大提升，能力被大大激发。

儿童成为主动积极的传播者，成为媒介信息产品的创造者这一事实，使得媒介素养教育中的赋权主题发生了重大改变，即从通过媒介教育赋与儿童分析判断媒介的能力，到通过媒介教育赋与儿童创制传播信息的能力，让儿童掌握通过媒介表达主张、参与社会、发展自我的能力。考虑到未来媒介参与是在信息时代人们进行社会参与、政治参与的主要途径，儿童的媒介素养教育还为他们日后的社会参与和政治参与打下坚实的基础。

同时，我们还要看到，新媒介发展给人们带来巨大便利的同时，也对社会和国家治理造成了强烈冲击。

新媒介模糊了私人空间与公共空间的界限，使人际传播与大众传播无缝连接。人们极易通过媒介参与进行个人表达，并且通过微博等社交媒体，直接从个人表达进入公共讨论。在我国，从微博出现后种种对社会政治生活产生的重大影响，我们看到了新媒介在建立公共空间方面发挥的重大而独特的作用。这表现在以下三个方面：一是新一代网络媒体促进了信息传播的自由，使公民对于社会事物的知情能力大大提高，每个人可以更直接介入新闻信息的生产，大大突破传统的政府管控体制，加大了对新闻信息监管和控制的难度；二是新一代互联网加强了民众之间的联系与网上结社行为。这对传统的政府和社会组织构成了冲击，同时也对既有社会体制提出要求和挑战；三是新一代网络媒体创造了公民对政治和社会问题进行讨论的公共空间，公众在网上拥有了对公共事物进行评论、交换意见、不必经过传统大众媒体“把关人”而直接形成公共舆论的能力。随着知情能力和参与能力的提高，他们对政治社会事务的介入程度会提出更高的要求。当然这种介入程度的提高，一方面对政府治理的理念和手段提出了新要求，同时也对公民在这方面的素质提出了更高的要求。这是互联网时代全世界各国政府面临的重大课题，这也使得媒介素养成为当代世界各国公民素质教育必不可少的重要内容。经历30多年改革开放，中国经济得以迅速发展，促进社会发展成为中国进一步改革的主题。目前，中国社会正处于巨大的转型之中。现代化国家需要建设健康和谐的社会，同时更需要与现代化国家和社会相适应的公民素质。通过从小对青少年实施媒介素养教育，学会理性表达，合理守法进行媒介社会参与，避免“网络暴民”的出现及其对社会有序转型的冲击，在中国现阶段有着特殊的现实意义。

基于此，在新媒介环境下，培养儿童基于现代多媒体读写能力的理性表达素质，并为其未来的社会政治参与奠定良好基础，是作为公民素养的儿童媒介素养教育的主题。

第四节　少先队媒介素养教育活动的目标、内容和实施方法

一、少先队媒介素养教育活动的目标和内容

结合国际媒介素养教育经验和中国的社会发展及媒介环境，本书作者认为，在新媒介时代，少先队媒介素养教育的总体目标是：培养儿童基于多媒体的读写能力的理性表达和社会参与的能力。

为了达成这样的目标，结合近年来作者在广州进行儿童媒介素养教育的研究和实践。从实践层面，我们将少先队媒介素养教育的目标和内容又具体分为以下四个部分：

一是通过全面认识学习媒介和传播的知识，树立正确的媒介观和传播观。

二是通过积极主动的使用媒介，趋利避害，成为媒介合理的使用者，成为媒介信息理智的接受者和精明的消费者。

三是通过学习制作媒介产品，学会理性交流和表达能力，成为理性、负责任的传播者和创制者。

四是通过以“准媒体人”的身份参与社会实践，认识和报道社会，成为有独立思考能力、主动参与社会的信息时代公民。

以上目标可概括为：全面认识、合理使用、理性表达和社会参与。实现这些目标的教育活动包括懂媒体、用媒体和做媒体。

“全面认识”主要是指对儿童进行媒介知识的全面教育，这里包括了媒介知识的传授和媒介机构的体验活动。媒介知识包括：媒体常识和操作知识。媒体常识包括报纸、广播、电视、电脑、网络、手机等大众媒体的发展历史和运作模式。对现在儿童接触的各种媒介的认识和了解。比如电视有多少套节目、如何分类，报社、广播电视台的各部门是如何工作的，记者和编辑的职能等；媒体操作知识包括了电脑、手机、网络等基本的操作知识，常用的硬件、软件的操作技能。同时为了让儿童对媒体运作有直观体验，还可组织儿童到报社、广播电视台、网站等机构进行实地体验，以便他们对媒体运作有直观的了解。

全面认识各种媒体很重要的作用是，让儿童认识各种媒介的功用，再通过引导形成自觉的适合自己身心发展、科学使用媒介的行为习惯。比如在收看电视节目时，认识到哪些节目对自己学习和生活有帮助；认识到书籍、报刊等平面媒介相对

电子媒介的特点，各自的优势与不足，从而调配好各种媒介的使用时间。只有全面认识才能合理使用。如果把媒介比作儿童成长中的精神食粮，那只有全面认识，知道各“食粮”的功效，才能做到科学均衡地获取营养，不偏食，吃得健康。

“合理使用”是培养儿童的各种媒介使用技能。使用能力包括对报刊、广播、电视、电脑、网络、手机等媒介的使用技能。使用能力除了儿童主动接受获取信息的能力外，还包括主动应用媒体上各种互动的功能。前者比如看报、听广播、看电视，后者则包括利用网络、手机上的各种互动功能，比如上网聊天、游戏等。突出“合理”二字，主要是针对现在青少年中比较多的网瘾、网恋等问题。

批判能力在媒介素养教育中占有非常重要的地位。理性是媒介批判能力最重要的体现之一。理性的前提是独立思考，是将现有的知识和经验结合起来，不断把已经发生和正发生的事情进行反思。一般认为媒介批判能力包括分析能力、自我反思能力和道德意识。而这些，都是微博时代，一个传播者进行理性表达的基础能力。

媒介是现代公民表达自己主张，从而实社会参与的重要途径。特别是微博等新媒介给了每个人空前便利的表达机会。儿童利用新媒介可以充分表达自己的主张，通过以小记者的身份体验和观察社会生活，进而通过新闻报道干预社会生活，让儿童从小全面了解和认识社会，从而促进其未来融入社会的各项能力。在“人人皆可成为记者”的新媒介时代，儿童媒介素养教育既可培养其作为未来合格公民的表达和参与能力，同时又会对儿童全面发展起到无可取代的独特作用。这方面的活动包括小记者采访实践课程、创办儿童报刊、微博等综合媒介实践活动。

实现这些目标的儿童媒介素养教育活动主要围绕着懂媒体、用媒体和做媒体三方面来展开。也就是将媒介知识的学习、媒体使用、创作能力的训练和媒介批判精神的培养结合起来。充分发挥儿童的自主性、实践性原则，让儿童在做中学、在玩中学，将知识传授与社会实践有机地结合起来。

二、少先队媒介素养教育的实施方法

结合目前中小学教育现状和近年来作者在广州少先队活动的实践操作，少先队媒介素养教育可以从以下方面展开。

一是开展“媒介与儿童”调研活动，由于媒介素养教育活动在广大学校中还处于起步阶段，很多少先队员，包括辅导员和学校老师，对媒介素养教育这一概念还了解不多。因此，前期开展相关的媒介与儿童影响的调研活动就十分重要了。让辅导员、少先队员和家长们都参与到调研中去，通过调研进一步了解当代少先队员的媒介接触情况、使用情况，以及在媒介使用过程中遇到的问题，为下一步有的放矢开展媒介素养教育活动找到依据。

二是开展关于媒介素养教育的红领巾小提案和议事活动。媒介素养教育的最终目标就是趋利避害，让媒介更好地为人类服务。因此，少先队组织可以充分发挥自己的组织优势和自主活动特色，开展有关“让媒介更美好”的主题征文或小提案，并且通过队会和主题活动，通过少代会、少理事会等机构开展媒介素养教育方面的议事和讨论。在活动中，邀请各方专家，让大家充分认识媒介素养教育的重要性，同时为开展少先队媒介素养教育营造良好的社会氛围，让学校、家庭、社会更多地参与进来。

三是运用好少先队宣传阵地开展小记者社团新闻采访实践活动。红领巾广播站、宣传栏、黑板报、队报、队刊、班级博客，这些平时少先队员们可以接触到的校园宣传媒介，都是开展少先队媒介素养教育的阵地，要充分加以利用。成立红领巾小记者社团，组织小记者们开展新闻采访和社会体验等实践活动，可以充分锻炼少先队员媒介参与能力。这方面，学校可以充分和少儿媒体以及少年宫等校外教育机构开展合作。

四是充分发挥少年宫等校外教育阵地的作用。少年宫作为校外教育的主阵地，作为各级少先队组织开展活动的校外场所，在媒介素养教育方面可以发挥重要的作用。市、区一级的少年宫都是各级少先队总部所在地，在媒介素养教育方面可以充分发挥示范作用。利用少理事会、小记者中心团队，引领所在地区的少先队媒介素养教育活动。还可利用自己的中心阵地的平台作用，引进社会资源，搭建教育平台，进行相关科研和培训作用，系统进行媒介素养教育的校外教育培训活动。

五是通过各种普及讲座，家校互动等，将媒介素养教育引入家庭。网络、电脑、手机、平板电脑等新媒介备受父母关注。媒介素养教育要取得实效必须取得家庭的配合和支持。同时许多新媒介的应用主要在校外，特别是在家庭或父母的陪护之下。现在出现的网恋、网瘾、电子保姆等现象，与家庭环境的影响很大。因此，对父母开展媒介素养教育知识的普及、方法的传授，让媒介素养教育成为家庭教育的重要组成部分，就显得十分必要了。

六是开发校本课程、融入性课程等多种形式进入学校课程体系。借鉴西方发达国家媒介素养教育进入正规学校教育的经验，利用少先队活动课程的有利时机，结合新课标改革等，组织科研力量，开发媒介素养教育校本课程。通过与思想品德课、信息技术课、综合社会实践活动等进行融入性课程开发，逐步使媒介素养教育成为学校教育的重要组成部分。

相信随着媒介素养教育受到党和政府有关部门的高度重视，少先队媒介素养教育必将在我国素质教育和公民教育的大潮中发挥越来越重要的作用。

第二章　少先队媒介素养教育教学体系

第一节　教学体系概述

从2008年开始，本书作者组建了由少儿媒体工作者、少年宫各专业老师组成的教学团队，在广州市少年宫成长空间借鉴港台及国外有关素养教育的课程，并结合本地儿童的媒介接触和使用特点，开展小记者媒介素养课程。2011年，本书作者主持广东省社会科学院青少年成长教育研究中心的重点课题“青少年媒介素养教育研究”，2012年主持中国少先队工作学会“十二五”课题“少先队媒介素养教育主题活动与课程设计”，在广州十余所子课题学校和50余所红领巾成长小记者站学校进行活动、讲座与课程实践，形成了一套相对完整的少先队媒介素养教育课程体系。

少先队媒介素养教育课程架构

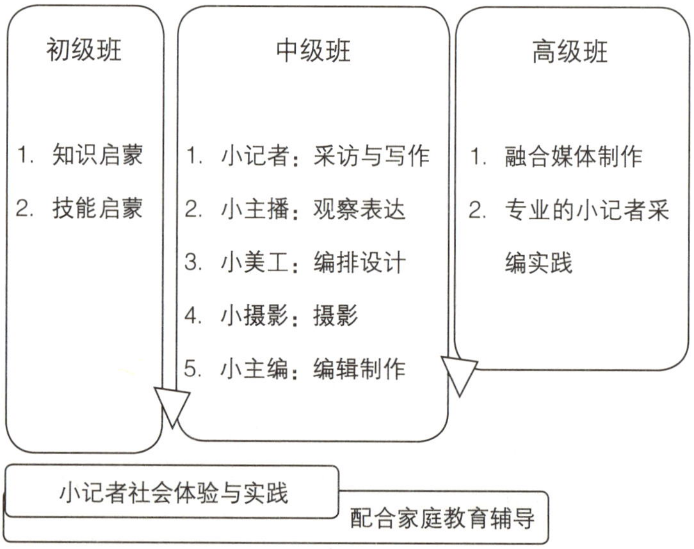

该课程体系结合学生的年龄特点、媒介接触和使用情况，由浅入深，分为三大版块。初级班，主要面向小学一至三年级，是对媒介知识和媒介技能的启蒙学习；中级班，主要面向三至五年级，继续深入学习各种媒体的相关专业技能，如小记

者、小主编、小主播、小摄影师、小美工等；高级班，主要面向五至六年级，在熟悉各种媒体的相关专业技能操作的基础上，广泛进行社会实践，进行儿童自媒体的制作，使他们学习理性表达和社会参与的方法。

在课程安排上，注意课堂教学、体验活动与社会实践活动的紧密结合。在每个阶段都设计了到相关媒体和社会机构的体验和采访报道活动。让学生们能在参与、体验、采访实践中，更加了解媒体的运作和功能特点，并将课堂所学的知识和技能运用到实践中，将懂媒介、用媒介、做媒介这三个方面有机结合，并融会贯通。

在媒介素养教育的推进上，我们注意学校、少年宫与家庭的同步推进，将普及与提高相结合，实现校内外衔接和家校的互动。为此，我们还设计了家庭读本，并通过家长讲座、亲子活动等形式，向家长普及媒介素养知识。

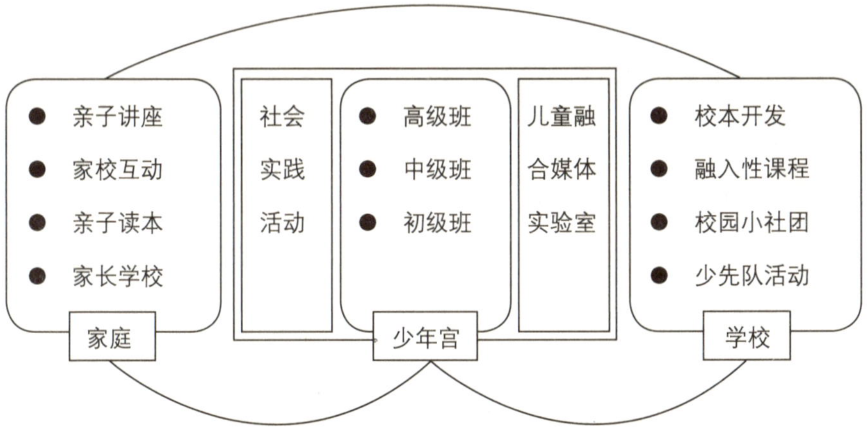

根据目前学校特点，我们设计了小学阶段的媒介素养教育的路径，并通过试点学校进行了积极尝试，取得了显著效果。这些方法包括：

1. 充分利用校园媒体（黑板报、宣传栏、校报校刊、广播站、电视台、网站、校讯通、班级博客等）开展活动。

2. 利用家长学校、家委会、家校互动等开展媒介素养家庭教育。

3. 将媒介素养教育作为学校第二课堂、校园小社团活动的重要内容。

4. 将媒介素养教育内容作为少先队活动课程的重要组成部分，在队课、队会和少先队主题活动中实施。

5. 用融入性课程的方式，融入语文、信息技术、思想品德、综合社会实践活动等课程。比如：语文课可增加新闻理念、新闻体裁和新闻事件内容，使学生了解新闻的选题、采访和新闻写作知识，并可亲自采写新闻，张贴于班级报栏、投稿到校广播站或报社，亲历体验媒介的运作程序。信息技术课可学习电视新闻、专题拍摄，了解网络新闻运作流程及信息传播工具等，初步掌握电子媒介的表达和沟通技能。品德与社会课可把电影、电视中的国家和城市形象与现实的状况比较，用媒介再现历史的人、事、物，发现对某些国家和地区报道中存在的刻板印象等。

6. 有条件的学校在少年宫的课程基础上，结合本校实际情况，开发校本课程。

第二节　少先队媒介素养教育（初级）教学提示

一、少先队媒介素养教育（初级）课程架构

本书提供的活动和课程案例，既是我们在广州少年宫成长空间实施多年的小记者媒介素养教育的初级班课程，同时也是提供给各学校老师进行小学各年级学生媒介素养教育课程及活动设计的参考读本。老师可以根据自己所在学校和学生的实际情况，灵活运用本书提供的各种教学案例和资源进行教学设计。（说明：本课程在少年宫中以一至三年级学生为主，在各学校实施时，可以结合本校学生的实际能力在一至六年级各年级中灵活设计使用。）

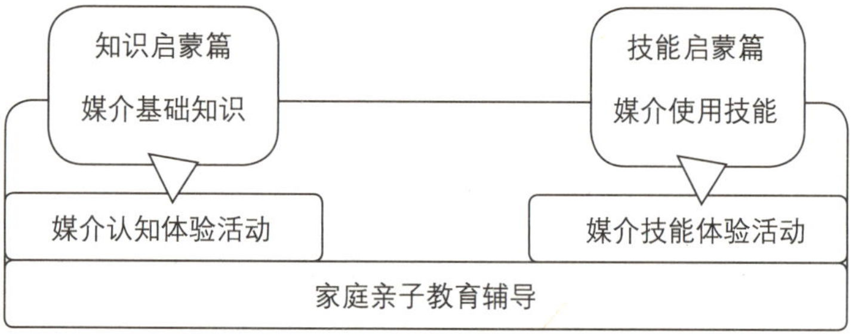

初级课程由知识篇和技能篇两大部分构成，分别以媒介知识和媒介技能的启蒙培养为主，在课堂教学的同时，进行媒介知识和技能的体验实践活动。让学生在用、玩、做媒介中，加深对媒介的认识，提升学习兴趣和效果。

对于小学生，电视、网络、手机等新媒介的使用场所的时间主要集中在家庭，而家长的媒介素养未必优于孩子，因此，我们倡导同时开展媒介素养的亲子教育。

这样，学生们通过课堂、家庭和社会实践三位一体的媒介素养教育，全面认识媒介和使用媒介，为其进行更深入的媒介素养学习打下基础。

二、媒介素养教育中课堂教学的提示

媒介素养教育重点以开放的心态与学生共同认识和探索媒介知识；让学生在“玩中学”，引导学生提升媒介使用的技能；重视学生的表达和实践，让学生通过团队协作提升思维、表达和实践能力。在教学中，老师应实现以下几个转变：

一是心态转变。新媒介时代，教师不应再以知识权威的形象出现，而应以开放包容的心态，“弯下腰来”与学生一起探讨应该学习和掌握的媒介知识和技能，尊重学生已有的媒介认识和使用习惯，发挥学生的自主探索精神，做好“没有标准答案”的准备。

二是角色转变。教师不仅是知识的传授者，还是思维的启迪者和探索的伙伴。教师走下讲台到学生中去，以平等的姿态参与课堂活动。

三是形式转变。教师是组织活动者，引导、点评学生的表现，避免传统说教，多以学生的小组讨论、体验活动为主要教学形式。

四是技术转变。教师积极主动学习和使用最新媒介技术，将各种媒介资源有机地运用到教学中去，课后利用微博、网络等平台跟学生进行交流或复习。

《认识手机》课件样本

（注：本书教案的课件下载可登陆课题组官方网站：www.abmisy.com）

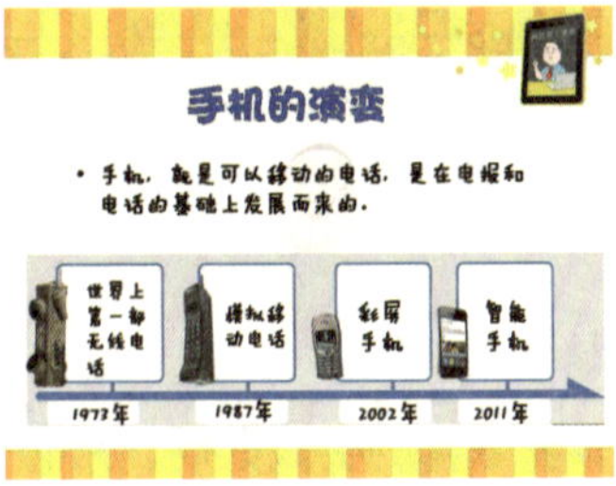

《认识手机》教案示例

时间	主题	内容／步骤	材料准备	给教师的建议	备注
5分钟	一、知识回顾	1. 回顾上一节课的内容 2. 分享上周作业			
5分钟	二、主题引入	1. 故事导入 新媒介帮与诸葛梁先生 2. 辨一辨：哪一些是新媒介，哪一些是旧媒介 思考：分辨新旧媒体的依据是什么，新媒体的优势是什么	几个新旧媒体的图片、手机不同时代的图片	用活动或游戏导入本节课的主题，引起学生的兴趣。	

（续表）

时间	主题	内容／步骤	材料准备	给教师的建议	备注
10分钟	三、主要知识	1. 认识手机的功能和优势 提供不同手机的图片 思考讨论： （1）手机的功能有哪些 （2）老师根据学生总结手机的功能，引出手机的优势 2. 使用手机时要注意 （1）手机辐射 （2）使用时长 短信诈骗		先游戏后说理，用活动引出本节课的主要知识，总结融入活动中的知识点。	
15分钟	四、教学活动	活动：刘大叔的手机短信 引出： 1. 常见手机短信诈骗 （1）中奖陷阱 （2）通知家属机主发生意外 （3）假手机换真手机 （4）回复莫名短信，被强制每月扣除服务费 2. 如何辨别短信内容的真伪 “三看一回一核实”		将主要知识渗透到教学活动中，让学生在参与活动的过程中加深对知识的认识和理解，从而提高教学效果。	
5分钟	五、教学总结	1. 回顾和巩固该课的知识点 2. 任务布置			
总计：40分钟					

三、媒介素养教育中实践活动的教学提示

（一）活动定位

国际媒介素养教育的实践证明，只有课堂教育和社会实践活动的良好结合才能真正意义上地提高青少年的媒介素养水平。由于媒介发展日新月异，媒介素养教育也需要与时俱进。对于媒介知识启蒙教育来讲，不同媒介的更新换代不仅需要教师对教学内容进行更新，也需要学生们在实践中进行感受。对于媒介技能启蒙教育来讲，更是需要通过学生的实际操作才能真正掌握所学知识，成为“信息时代的媒介小达人”。

因此，在课程设置中，媒介知识启蒙篇和媒介技能启蒙篇都融合了相应的社会实践活动，以期同学们在实践中提高媒介素养，并将其运用到生活中去。

（二）活动目标

媒介素养实践活动的目的，一是让儿童在实践中了解媒介的功能和作用，通过

真实社会的体验，了解媒介构成的“媒介世界”与“真实世界”之区别，从而学会辨别比较各种媒介传播的信息；二是通过体验和实践活动，学生们可以利用媒介的各种技能进行报道、展示，这是学生们体验媒介的种种功能和作用、感受自己作为“小小媒体人”的成就、提升媒介素养的最佳方式；三是帮助儿童在实践活动中，形成和发展自己观察社会、独立思考的能力，通过媒介进行表达和参与的能力，为其将来成为合格的社会公民打下基础。

（三）活动流程

实践活动从流程来讲，一般分为准备阶段、实施阶段和总结阶段。

在准备阶段，教师应预先踩点，作好活动方案及相关预案，设计好活动作业纸，做到精心准备，万无一失。

在实施阶段，教师应贯彻设定的活动目标，在活动中及时引导，让学生在体验和实践活动中，发挥独立自主性和团队合作精神，尽量激发学生的自主学习和探索精神。

总结阶段也很重要，但又常被忽略。只有及时将活动中学生们的心得体会，进行分享小结，并结合教学目标对他们进行有效引导，活动的教育目标才能达成。

四、媒介素养教育中家庭教育的教学提示

小学生使用媒介的主要场所在家庭，媒介素养教育中家庭教育这一环节非常重要。为此，与本教师用书配套的，我们还编辑出版了《媒介素养（亲子读本）·家庭用书》（以下简称《家庭用书》）和《媒介素养（彩色漫画版）·小学生用书》（以下简称《小学生用书》）。老师如果在学校教学中与家长及时沟通，利用《家庭用书》和《小学生用书》，与课堂教学和社会实践活动联动，实现家庭、社会、学校三位一体的媒介素养教育布局，更容易收到事半功倍的效果。

教师可以利用家长学校和家长会的机会，指导家长阅读《家庭用书》，同时也可利用班会、家长会等结合《家庭用书》中相关作业纸开展亲子活动；教师既可以将《小学生用书》作为家长在家庭中让孩子学习媒介知识的通俗读物，也可以作为老师在课堂上进行媒介知识讲授的辅助和参考读物。

利用手机短信、微博、微信等新媒介工具是在家庭中实施媒介素养教育的有效途径。教师可利用课题组官方微博、微信的相关内容指导家长订阅并编写相关短信发送给家长。（课题组官方微博：阿波媒介素养；官方微信公共账号：

abomeijiesu yang）

《家庭用书》和《小学生用书》内容简介：

（一）《媒介素养（亲子读本）·家庭用书》

1. “苹果世代”驾到
2. 面对新媒介：父母的担忧
3. “媒介素养教育”：比登陆月球更重要的事业
4. 问答录：家长“媒介素养教育”锦囊
5. 技能篇：“媒介素养教育”亲子练习册
6. 附录：“媒介素养教育”阅读资料

（二）《媒介素养（彩色漫画版）·小学生用书》

1. 我们一起学媒介
2. 媒介，我们成长的好朋友
3. 各种媒介：图书、报纸、电影、广播、电视、网络、手机、QQ与博客、电视节目与视频网站、流行音乐、广告、动漫、电子游戏
4. 记者和新闻
5. 媒介的兴衰与发展

附　录　广州少先队媒介素养教育调研

第一节　调研的背景、特点及主要内容

一、背景及特点

为了及时掌握新媒介环境下当代少先队员的思想动向，了解、掌握他们媒介接触、媒介使用和媒介素养的基本状况，了解少先队员的媒介需求和认知特点，为制定少先队媒介素养教育提供科学依据，2012年3—5月份，由广东省社会科学院青少年成长教育研究中心“青少年媒介素养教育”课题组设计，广州市少年宫少先队工作部和广州市少先队队刊《都市人·成长》杂志社实施的广州少先队员媒介素养调研正式启动。调研组通过少先队组织向全市38所小学及12个区市的少先队组织进行了定向问卷调查，并进行了个人访谈。课题组对问卷进行了研究分析，并出具了研究报告。

此次调研有以下四个特点：

1. 保证了调研的有效全面。此次调研是基于少先队组织，对一个城市的少年儿童按区域抽样进行的儿童媒介素养调研。由于组织体系的有效发动，各区、学校少先队辅导员的积极支持和配合，此次调研保证了取样区域、学校分布的科学性、合理性，有利于我们通过调研了解和掌握广州一个城市儿童媒介素养状况的全貌。

2. 广州本地媒体环境的领先性和示范性。众所周知，广州地处改革开放前沿，毗邻港澳，也是内地报业等新闻媒体改革的先锋，拥有一大批在本地和全国有影响的大众传媒，同时受港澳媒体落地等因素影响，广州儿童所处的媒体环境在全国也是处于领先地位的。因此，对广州本地儿童进行媒介素养研究，可以为全国的城市儿童媒介研究提供很好的参照和示范。

3. 特别关注了微博、手机、平板电脑等最新媒介工具的应用对当代儿童的影

注：关于调研的更详细分析及研究请参阅《苹果世代：“00后”儿童的媒介化生存及其媒介素养教育研究》一书。

响。近年来，微博等新一代媒介带来了一场新的媒体革命。在“人人皆可为记者”的微博时代，儿童作为传播者的地位被大大地突显出来。iPad、iphone等新媒介产品，使得移动互联网的应用在儿童中迅速普及，对家庭教育产生了重大影响。因此，关注最新媒介工具对儿童的影响成为本次研究关注的重点，也是此前调研较少涉足的领域。

4. 从少先队员公民素养的角度研究媒介对儿童的影响和媒介素养教育实践的开展。少先队教育是我国社会主义教育体制下一种非常重要的教育途径，是对未成年人进行思想道德教育的最重要的方式之一。从少先队教育的视角研究儿童媒介素养作为公民素养重要的组成部分，是本次调研的一大特点。这也是在中国的制度环境下，区别于其他西方国家、实施中国特色的儿童媒介素养教育的有效方式。

二、理论假设及研究内容

确立研究的理论假设的目的是通过借鉴已有的理论研究成果，初步描述研究的基本观点，并以此为基准，分析、推断和论证相关的研究结论，使研究过程更加科学、规范和严谨。由于本研究在相关领域具有探索性质，因此借鉴了大量国外有关媒体研究和媒介素养教育的相关理论。这些理论包括：个体差异理论、培养理论、使用与满足理论、公民参与机会之梯理论、哈贝马斯“交往理性”理论和德国比勒菲尔德媒介素养模型等。

根据以上理论，本研究作以下基本假设：

1. 在新媒介环境下，少先队员不但是媒介的受众，更是积极的使用者和传播者。他们勇于尝试新事物，通过新媒介满足他们的各种需求，并与人交往、展示和表达自我。

2. 少先队员使用媒体的需求是多方面的，并且因为个体差异表现出不同的需求。在娱乐、学习、参与、创造、展示、沟通与社交等需求方面，不同媒介和不同应用在不同年龄段和不同性别、不同区域的儿童身上表现得很不均衡。

3. 智能手机、平板电脑等新媒介以及QQ、微博、微信等新媒体应用，对少先队员的影响越来越大，对他们的娱乐、交流、学习表达等方面均产生重大影响，值得密切关注。

4. 根据少先队员对媒介接触和使用的行为、媒介素养状况、应用电脑、手机、网络等媒介的实际水平，我们将他们分成四种类型：（1）初学者；（2）普通使用者；（3）小专家；（4）小网虫。

本次研究明确了四个重点研究方向：

1. 研究少先队员的媒介接触媒介使用状况。

2. 研究少先队员对网络、手机，特别是QQ、微博、网络游戏等新媒介的接触和使用状况。

3. 研究少先队员对媒介的认识、态度和价值观等媒介素养状况。

4. 研究和提供有利于当代少先队员成长的相关媒介素养教育政策和内容设计。

第二节 调研对象、范围和研究方法

一、研究方法综述

本次的研究按研究的不同目标，分别采用量化研究法与质性研究法进行，主体调研对象为广州地区的6—12岁的小学在读学生。

（一）量化研究法（Quantitative Method）

采用横切性（cross-sectional）的问卷调查，以越秀、天河、荔湾、海珠、番禺、白云、黄埔、南沙、花都、萝岗、增城、从化等广州12个区市小学中的少先队员为研究母体，再透过双层抽样方式，先以随机方法抽出受访学校及班级，再以聚集方法邀请所有样本学校及班级的学生填写机构性问卷。

本次研究从广州市各区市38所学校以及12个区市少先队组织派发问卷5000份，回收3700份问卷，其中有395份是无效问卷（invalid）。因此，在本次研究中，研究者共回收有效调查问卷3305份，并以此作为分析的基础。

（二）质性研究法（Qualitative Method）

本次研究的目标之一是希望了解到广州地区父母教育孩子以及孩子在成长过程中的经历、经验及其中的困惑，为了得到更具体及全面的资料，我们采用了聚焦小组（focus group）来收集资料。

二、问卷设计

问卷主要分成受访者基本信息、受访者家庭基本信息、受访者媒介接触情况、网络媒介使用习惯、移动终端使用习惯、媒介认知度六大板块，实际题目量为90题。各主要板块内容主要如下：

板块	题目	问题序号
受访者基本信息	性别	1
	在读年级	2
受访者家庭基本信息及媒介接触状况	父母教育程度	3—4
	父母的职业	5—6
	家庭中媒介的覆盖情况	7—9
媒介使用状况	媒介使用状况	10—14
网络使用状况	网络产品使用情况	15
	网络使用习惯	16—19
	网络媒介认知度	20—25
	儿童网络游戏	26—31
移动终端使用状况	手机使用情况	32—36
	Pad使用情况	37—40
媒介素养	媒介认识能力	41—42
	媒介批判能力	43—47
	媒介创造能力	48—49
	媒介素养教育认识度	50—51

三、采样过程

本次调研问卷的派发，主要是通过广州市少先队组织，在广州市38间学校及12个区市的少先队组织，共计在50个地方派发，共发放5000份问卷，收回3305份有效问卷。其中，主要参与单位名单及发放问卷数量如下：

序号	参与单位	问卷派发数量
1	华侨外国语小学	100
2	桂花岗小学	100
3	珠光路小学	100
4	八一希望小学	100
5	海珠中路小学	100
6	东山培正小学	100
7	宝华培正小学	100
8	西关外国语学校	100
9	坑口小学	100

（续表）

序号	参与单位	问卷派发数量
10	鹤洞小学	100
11	广雅小学	100
12	羊城花园小学	100
13	员村小学	100
14	天府路小学	100
15	华阳小学	100
16	华南理工大学附属小学	100
17	龙口西小学	100
18	沙河小学	100
19	晓港湾小学	100
20	昌岗中路小学	100
21	时代朝天小学	100
22	景泰小学	100
23	明日之星艺术小学	100
24	谢家庄小学	100
25	祈福新邨小学	100
26	番禺执信中学附属小学	100
27	钟村镇锦绣小学	100
28	市桥东城小学	100
29	开发区一小	100
30	萝峰小学	100
31	香雪小学	100
32	新庄小学	100
33	刘村小学	100
34	九龙第一小学	100
35	荔园小学	100
36	新华第四小学	100
37	流溪小学	100
38	荔江小学	100
39	越秀区	100
40	荔湾区	100
41	天河区	100
42	海珠区	100
43	白云区	100
44	黄埔区	100
45	萝岗区	100

（续表）

序号	参与单位	问卷派发数量
46	番禺区	100
47	花都区	100
48	从化区	100
49	增城区	100
50	南沙区	100

四、受访者情况分析

（一）受访者的个人背景

1. 受访者的性别

儿童研究部分，从受访者的性别来看，男生的比例占39.61%，女生的比例占60.39%。

2. 受访者的年龄

从儿童研究部分的受访者来看，受访者的年龄介乎6—11岁。根据儿童小学阶段的心智发展常规分类，我们将年龄分为三组：

（1）6—7岁（即小学一年级及二年级），占12.15%；

（2）8—9岁（即小学三年级及四年级），占35.15%；

（3）10—11岁（即小学五年级及六年级），占52.70%。

由于广州市的中学生媒介素养状况另有专题调研，因此本报告将调研对象的范围只限于小学阶段。

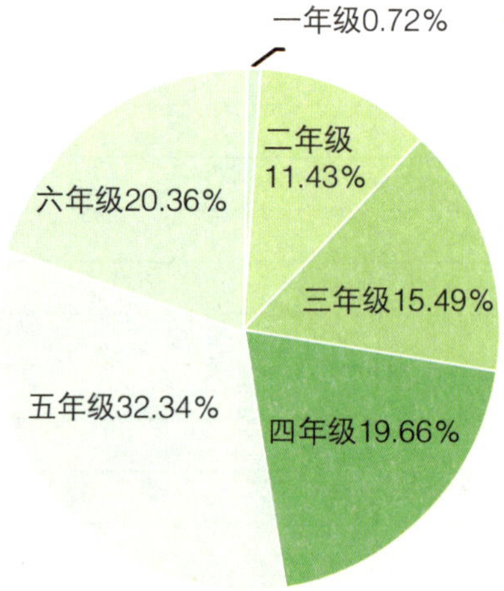

受访者在读年级分布

（二）受访者父母的背景

1．受访者父母的教育程度

主要分为高中或以下、大学（含大专和本科）、硕士（研究生）或以上，其相关数据见下图。

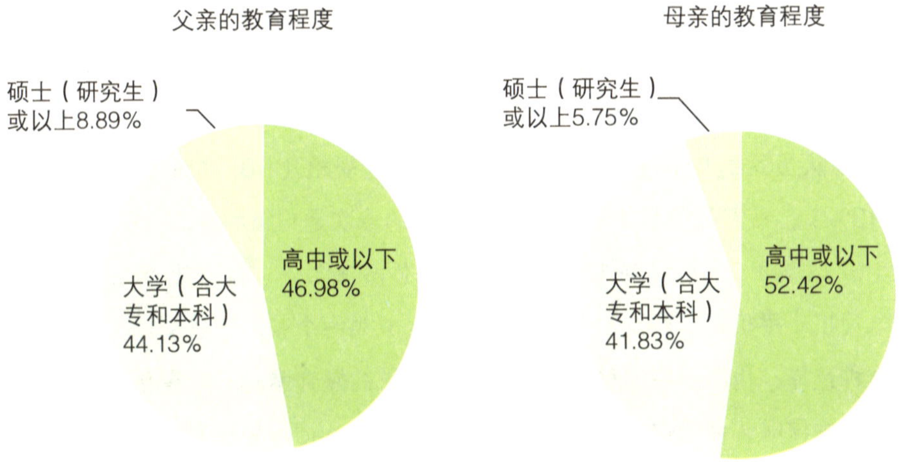

受访者父母的教育程度

2．受访者父母的职业

主要分为：（1）党政机关、社会团体、事业单位工作人员；（2）企业管理人员；（3）企业普通职员；（4）科教文卫的专业人员；（5）自由职业者；（6）私营企业主；（7）个体商户；（8）无业；（9）失业；（10）待业；（11）农民；（12）其他。其相关数据见下表。

家长研究部分受访者职业

职业	父亲（%）	母亲（%）
党政机关、社会团体、事业单位工作人员	16.64%	11.15%
企业管理人员	10.95%	5.85%
企业普通职员	15.80%	20.56%
科教文卫的专业人员	2.69%	4.88%
自由职业者	12.15%	13.36%
私营企业主、个体商户	12.49%	9.93%
无业、失业、待业	1.98%	9.45%
农民	1.59%	1.58%
其他	25.71%	23.24%
总数	100%	100%

第三节　调研的主要内容和结果

一、媒介接触情况

少先队员主要的生活环境是在家里以及学校，主要的接触对象是以父母为核心的家人以及同学、老师等。由于其年龄较小，少先队员在接触各类媒介的时候，主要是在家里。为此，了解他们的家庭媒介环境，就显得尤为重要。

首先，我们要看看广州少先队员家庭各种媒介的普及率。如下表显示，在广州少先队员家庭中，普及率最高的媒介是电视机（98.94%），其次是手机（98.19%），接着是电脑（94.35%），剩下的依次是报纸和杂志（67.56%）、收音机（67.06%）、iPad（或其他平板电脑）（45.90%）、游戏机（39.38%）。可见，电视机、手机、电脑这三个媒介几乎已经成为每个家庭必备的媒介终端，而家长的这种选择，也势必在潜移默化中影响着孩子的媒介素养，毕竟孩子每天都会和家人一起去接触、使用这些媒介。引人关注的是，ipad等平板电脑在家庭中的拥有率增长迅速，成为影响儿童的重要媒介产品。

广州少先队员家庭媒介普及率

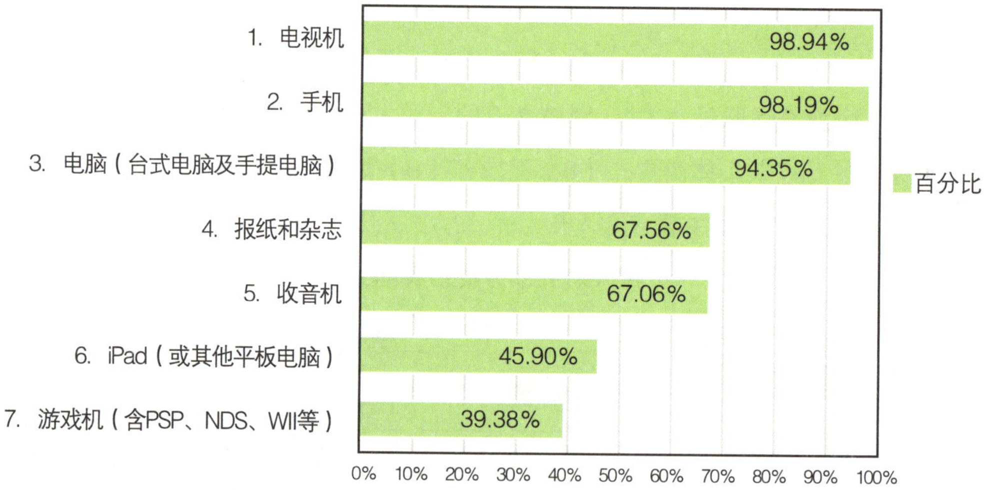

二、媒介使用习惯

（一）媒介的使用时间

学生日常使用的媒介主要有哪些？经过调研中的分析及对实际情况的了解，我们基本确认了广州的少先队员主要使用的媒介为课外书、报纸、杂志、广播、电视、电影（含视频）、手机、网络、iPad（或其他平板电脑）。其中，从使用时间的长短来排序，少先队员使用时间最频繁的媒介前五位分别是：（1）课外书；（2）电视；（3）网络；（4）报纸；（5）手机。

广州地区少先队员每天使用媒介频次排名

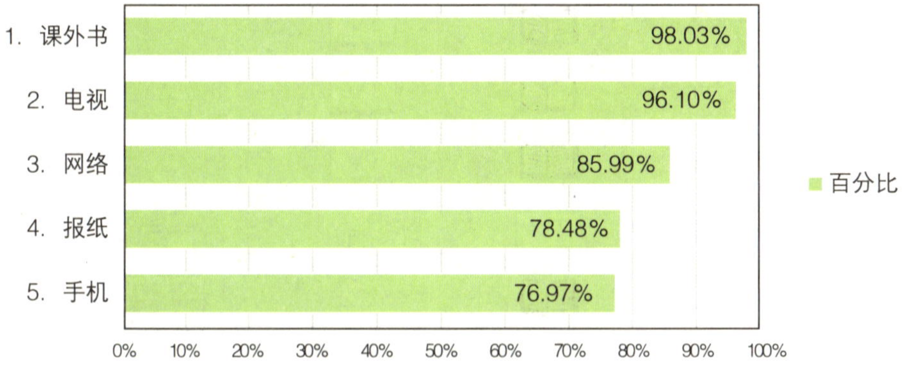

另外，从使用时间来划分可以发现，少先队员对报纸、手机、杂志、广播这四种媒介的使用，主要是使用碎片时间（每天使用时间在30分钟内）。中低年级少先队员由于其阅读习惯和知识结构尚在成长阶段，对新闻性的文字一般较少深度阅读，他们对报纸和杂志的阅读，主要是回家后随便看看，或者利用课余时间翻看学校的书报栏上的报刊，或听一下校园广播。因此，大部分学生每天使用这几种媒介的时间都属于短时间使用。

数据显示，电视、课外书、网络这三种媒介，占据了少先队员每天较长时间（30分钟以上）使用的媒介的前三位。

（二）媒介的用途

根据使用与满足理论，媒介的使用者根据自己的需要主动选择自己使用的媒介与媒介内容。具体情况如下图所示：

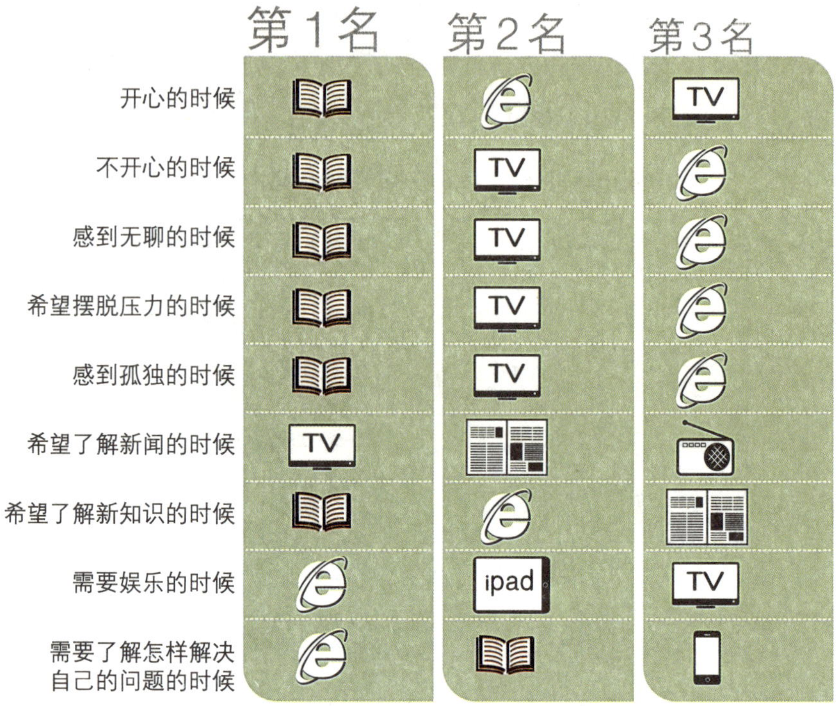

面对各种情绪的变化，如开心、不开心、感到无聊、摆脱压力、感到孤独时，学生们都会主要选择使用课外书、电视及网络这三种媒介来调整自己的心情。

如了解新闻及学习新知识，孩子们则会主要选择报纸、课外书、网络、广播、电视这些媒介。其中，这里面有一点不可忽视，校园广播以及汽车广播，已经成为孩子们获得新闻消息的一个重要来源。

数据显示，当希望娱乐的时候，孩子首选的是网络，其次是以iPad为代表的平板电脑，再次是电视。网络和电视占据前三位，并不会让大家感到意外，但iPad这个选项异军突起，占据了排名的第二位，让我们再次感受到“苹果世代”的成长。

调研表明，当孩子需要了解怎样解决自己问题的时候，他们的主要选择依次是网络、课外书以及手机。手机排在第三位也让人感到意外，经过了解后发现原来手机因为其便捷性，当孩子面对各种问题时，不但可以借助手机打电话、发短信给认识的人去寻求解答，还可以通过手机上网寻求答案。

性别和年龄不同导致的使用习惯上的差异：男生和女生对不同媒介的使用习惯上，会有一定的差异。主要体现在：（1）女生对纸介质媒介的依赖程度会相对比较高；（2）男生在需要娱乐的时候会更倾向于使用网络。

不同年龄段的学生，在媒介的使用习惯上会有一定的差异，同时也展现了几种发展趋势：（1）低年龄段的学生会更依赖纸介质媒介，尤其是课外书；（2）随着年龄的增长，高年龄段的学生的媒介涉猎广度会更宽；（3）随着年龄的增长，尤其到了小学高年龄段（五至六年级），他们对互联网的使用程度及信赖度会明显高于低年龄段的学生。

（三）媒介通讯功能的使用

调研显示，广州地区少先队员最常用的通讯交流方式，前三位是QQ、手机及固定电话，五至六年级的学生，他们选择QQ为主要通讯交流方式的比重更高达83.55%。从上述数据可以看出，随着互联网及电脑的大范围普及，QQ已经成为学生们不可或缺的沟通工具。女生更喜欢使用手机短信作为主要的通讯工具，而男生则更喜欢使用儿童网络游戏中的通讯功能。当学生处于低年龄段（一至二年级）的时候，对电子邮件、微博这两个网络通讯手段的使用率会较低；而当学生到高年级的时候，会更多地使用网络媒介作为主要通讯工具。

学生最常用的通讯交流方式排名

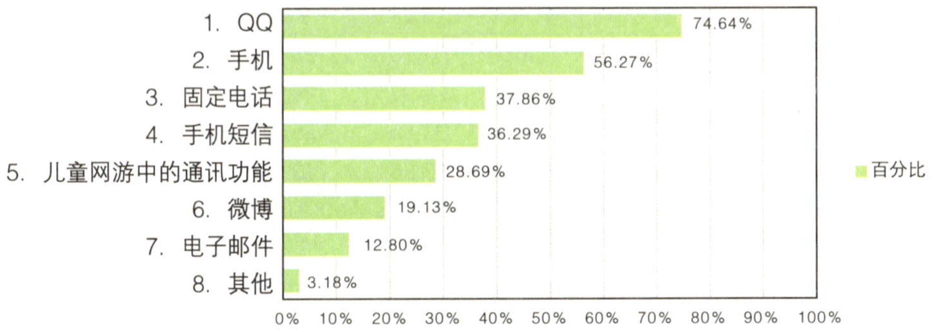

（四）网络的使用状况

1．网络产品使用状况

下表显示，85.48%的孩子每天都会使用QQ、81.18%的孩子每天都会上网看视频、76.63%的孩子每天都会玩儿童网络游戏、46.97%的孩子每天都会使用腾讯微博、41.44%的孩子每天都会使用新浪微博、81.04%的孩子每天都会使用QQ空间、38.31%的孩子每天都会进行“网购”……不难看出少先队员虽然年龄较小，但他们对网络产品的接触和使用程度都令人“刮目相看”。

调研显示，观看视频、玩网络游戏、使用QQ、收听或下载音乐，是少年队员最主要的网络使用行为。

被试者每天会用到的网络功能（产品）排名

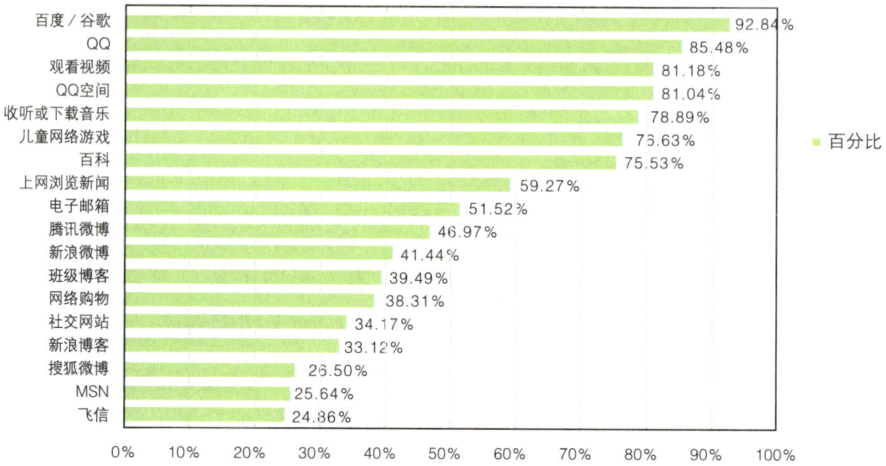

被试者每天使用网络产品的时间分析

使用的网络产品		从不	30分钟内	30分钟—1小时	1—2小时	2小时以上
上网浏览新闻		40.73%	46.21%	9.86%	1.36%	1.81%
上网查找资料		7.16%	61.00%	25.86%	4.23%	1.75%
观看视频		18.82%	28.93%	29.00%	14.62%	8.63%
儿童网络游戏（儿童网络社区）		23.37%	31.40%	25.37%	11.40%	8.46%
聊天交流	QQ	40.64%	23.88%	10.04%	14.52%	11.10%
	飞信	12.40%	5.40%	3.62%	75.14%	3.44%
	MSN	12.19%	5.71%	3.63%	74.36%	4.11%
微博	腾讯微博	30.42%	9.31%	3.20%	53.03%	4.04%
	新浪微博	23.42%	9.83%	4.20%	58.56%	4.02%
	搜狐微博	13.30%	6.43%	3.44%	73.50%	3.33%
博客	QQ空间	48.71%	20.47%	5.88%	18.96%	5.98%
	新浪博客	16.76%	7.84%	4.61%	66.88%	3.91%
	班级博客	23.31%	8.78%	3.79%	60.51%	3.61%
	其他	23.47%	10.10%	5.89%	54.86%	5.68%
收听或下载音乐		21.11%	46.41%	18.48%	7.13%	6.87%
电子邮箱		48.48%	36.16%	6.72%	3.14%	3.30%
社交网站（如人人网、开心网等）		65.83%	21.01%	7.48%	2.94%	2.74%
网络购物（如淘宝网、当当网等）		61.69%	23.73%	7.98%	3.62%	2.98%
百科（如百度百科、维基百科等）		24.47%	45.54%	21.11%	4.31%	4.57%
其他		37.59%	19.40%	15.98%	13.59%	13.44%

2．网络游戏使用状况

调研显示，广州地区的孩子对儿童网络游戏的接触比例还是非常高的，只有5.84%的学生表示自己从来没有接触过。同时，通过数据的对比可以发现，男生对儿童网络游戏的使用程度以及喜爱程度，明显会比女生要高，表示非常喜欢儿童网络游戏的男生比女生高出了将近20%。通过数据的对比更可以发现，高年级学生比低年级学生更明白要控制游戏时间这个观念。

调研显示，小学生获取儿童网络游戏信息的最主要渠道是朋友、同学的介绍，排名第二位的是互联网的信息，排名第三位的是电视。其中，高年级学生会更倾向于朋友、同学的介绍以及互联网。

通过数据对比分析可以看出，广州地区孩子对儿童网络游戏的选择，在年龄段及性别上有较大的差异，他们选择的儿童网络游戏产品表现出了不同的倾向。

在众多儿童网络游戏中，无论哪个性别，处于哪个年龄段，腾讯的《洛克王国》都是目前小学生的"最爱"，这里面很重要的一个原因是腾讯QQ账号的普及，使得《洛克王国》的推广更为容易。

虽然有接近60%的孩子表示自己不会为儿童网络游戏支付任何费用，但还是有超过40%的孩子每月会用自己的零用钱去支付游戏的相关费用，如购买点卡、道具卡等；其中更有超过10%的孩子，每月用于游戏支付的费用在10元以上。

被试者对儿童网络游戏的使用情况

选项	百分比
从来没有接触过	5.84%
非常喜欢	35.62%
无所谓	48.79%
不喜欢	9.75%

被试者对儿童网络游戏的认知及感受

选项	百分比
好玩而已	24.42%
可以开发智力	31.27%
没啥感觉，但父母对游戏有误解	16.13%
要控制游戏时间	58.78%

（五）移动终端的使用状况

1．手机的使用现状分析

被试者最常用到的手机功能（全性别、全年龄段数据）

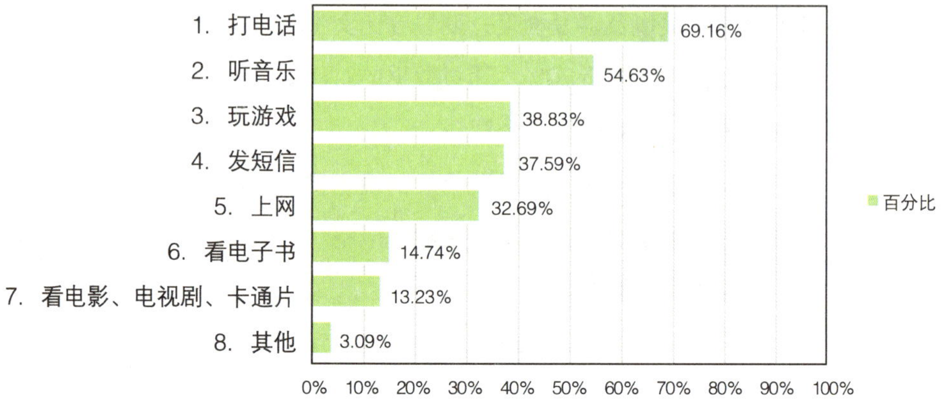

（1）广州少先队员手机自有率

数据显示，广州地区49.76%的少先队员拥有自己的手机，其中五至六年级的高年龄段少先队员的手机自有率更是高达58.88%。

（2）手机使用习惯分析

除了打电话和发短信，少先队员用手机主要是以娱乐功能为主，听音乐和玩游戏分别占据了主要功能的第二和第三位。

通过性别对比可以看出，女生会更多地使用手机作为沟通的工具，尤其喜欢发短信，而男生则更喜欢拿手机来玩游戏、上网。

通过数据对比可以看到，年龄段较小的学生，手机更多是一种娱乐工具，游戏功能占据了非常重要的地位，而随着年龄的增长，手机的沟通功能及上网功能会被更多的学生所接纳和使用。

（3）对是否有必要配备手机的认可度

数据显示，22.03%的孩子认为需要配备一台自己的手机，认为不但可以及时联系父母和朋友，还可以上网、玩游戏放松。这个数据在低年龄段的时候会相对较低，只有17.14%，到了五至六年级则有接近25%的学生会认为需要配备手机，明显比低年级的学生要高。

2．平板电脑的使用现状分析

数据显示，广州地区65.51%的孩子表示接触过iPad或者类似的平板电脑设备，而通过对下表的分析可以获知，孩子们使用iPad（平板电脑）最主要的三项用法是：玩游戏、听音乐和看视频。

被试者使用iPad（平板电脑）做的事情

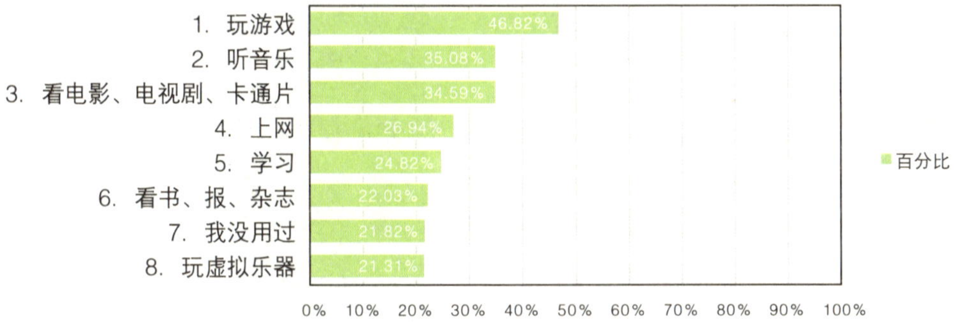

通过进一步的数据对比可以获知，男生会更喜欢用iPad来玩游戏，而女生会更喜欢用iPad来看书读报。

不同的年龄段的学生，对iPad的使用内容也会有不同，低年龄段的学生更喜欢用iPad来玩游戏，高年级学生则会更喜欢拿来玩虚拟乐器以及用iPad来上网。

三、媒介素养状况

（一）媒介的认知能力

媒介的认知能力的调研主要由两部分组成：（1）被试者对媒介的认知能力；（2）被试者对网络媒介的认知能力。

1．被试者对媒介的认知能力

为了测定被试者对媒介的主观认知及客观反映，主要参考了七组数据。第一组数据是对被试者的主观认识，即问及被试者对媒介的态度，该部分的数据表明，广州地区的孩子，对媒介的态度主要是半信半疑（50.64%），有37.09%的孩子表示基本相信或完全相信媒介的内容，只有12.27%的孩子表示对媒介表示不信任。孩子们最相信哪种媒介呢？不同性别、不同年龄段之间又有何种分别呢？

调研显示，孩子最信任的媒介排名，前五名是：（1）课外书；（2）报纸；（3）电视；（4）网络；（5）杂志。从这个排名以及上文的数据对比可以看出，在小学生心中，传统媒介，尤其是纸质的媒介仍然是他们最信赖的媒介，而这种信赖的程度，无论是男生还是女生，低年龄的学生还是高年龄的学生，都基本相同。

被试者对媒介的态度

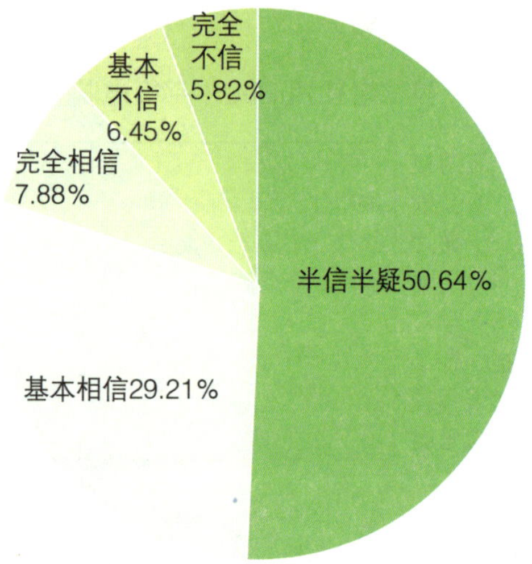

被试者最信任的媒介排名（全年龄段、全性别数据）

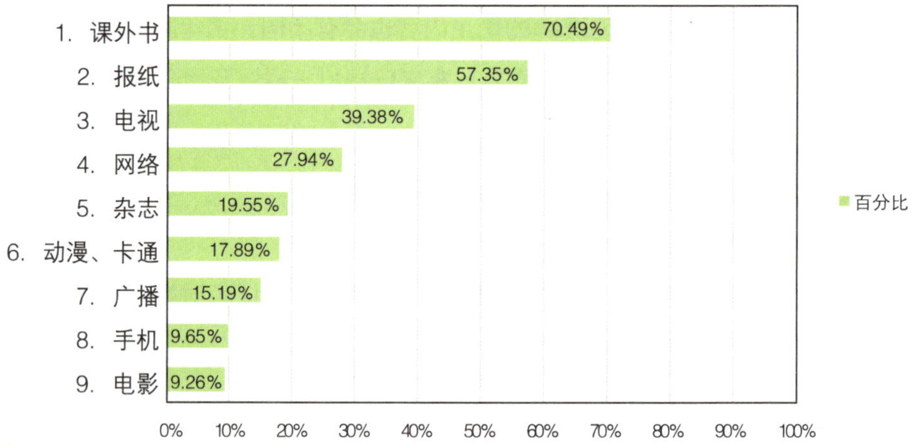

2. 被试者对网络媒介的认知能力

网络作为孩子生活中最常接触的其中一种媒介，小学生对其有怎样的认知呢？当被试者被问及“你觉得在上网知识方面老师比你懂得多吗”的时候，大部分学生都会认为老师懂得比自己多，说明老师在学生心目中的权威性还是比较高的。通过数据的对比可以看出，女生在上网知识方面对老师的信任度会比男生高，不少男生由于接触电脑的时间和频次都比较高，因此选择“自己懂得比老师多”的选项比女生要多。同时，这个趋势也呈现在低年龄段学生和高年龄段学生的对比上，高年级的学生对老师的信任度会明显比低年级的要低。

孩子们对家长上网知识的认可程度其实是比较低的，尤其是男生及高年级的学生，他们更普遍认为“自己懂得比爸爸妈妈多”。

被试者认为老师的上网知识和自己的上网知识多寡的比较

选项	数据源	百分比
老师懂得比我多	全性别、全年龄段数据	55.27%
我懂得比老师多	全性别、全年龄段数据	10.81%
不知道	全性别、全年龄段数据	33.66%

被试者认为父母的上网知识和自己的上网知识多寡的比较

选项	数据源	百分比
爸爸妈妈懂得比我多	全性别、全年龄段数据	44.07%
我懂得比爸爸妈妈多	全性别、全年龄段数据	42.34%
不知道	全性别、全年龄段数据	13.23%

（二）媒介的批判能力

媒介的批判能力是媒介素养中的一个重要内容，主要由分析判断能力、自我反省能力以及媒体道德组成。在实际调研中我们发现，这三者的能力其实是密不可分的，难以单独抽取某一个出来进行分析描述，而要看被试者对各种媒介的信息判断及反应。

1．对网络信息真假的批判能力

当被试者被问及自己能否判断网络信息的真假与好坏的时候，有超过43.10%的学生表示自己能判断信息的真假与好坏。同时通过数据的对比可以发现，男生对自己的网络判断能力明显比女生自信，有接近五成的男生表示可以判断，而女生只有不足四成。同时，高年级的学生对自己的判断能力的信心也是明显高于低年级的学生。

被试者能否自己判断网络信息的真假与好坏

选项	数据源	百分比
能	全性别、全年龄段数据	43.10%
不能	全性别、全年龄段数据	15.38%
需要请教家长和老师	全性别、全年龄段数据	39.35%

2．对不良信息的批判能力

学生对媒介的批判能力的一个重要体现，就是当其面对不良信息，如色情、暴力等内容时的反应。大部分学生面对不良信息的时候，会选择马上换其他内容，不继续看。数据对比显示，高年级的学生选择“马上换其他内容”的比例明显比低年级的学生要高，低年级的学生面对这些不良信息的时候，会更多地选择和父母倾诉，或者表示不知所措。这也说明了被试者对不良信息的批判能力，会随着年龄的增长而增强。

被试者面对电视、网络上的不良信息的反应

选项	数据源	百分比
马上换其他内容，不继续看	全性别、全年龄段数据	84.87%
无所谓，继续看	全性别、全年龄段数据	3.87%
请求家长和自己一起看，并希望他们指导	全性别、全年龄段数据	9.87%
不知所措	全性别、全年龄段数据	5.66%

3．对广告的批判能力

为详细了解孩子面对广告的情况，我们分别问了被试者面对广告时的选择、是否相信广告以及是否会因为广告明星而产生购买欲三道问题。

数据显示，大部分的被试者，当看到电视出现广告的时候，会选择更换其他频道、做其他事情，有大约两成左右的被试者表示会认真观看广告，通过数据的对比可以发现，在选择认真观看广告的被试者中，他们年龄、性别上的差异，并不会造成这种选择的差异。

结果显示只有极少数的孩子认为广告是真实的，大部分的孩子都知道广告其实是不真实、或者只有部分是真实的。大部分的被试者不会因为自己喜欢的广告明星而去购买其代言的产品。

（三）媒介的创造能力

本章节将主要检测被试者的媒介创造能力。媒介创造能力主要从两个方面反映，分别是：（1）被试者曾经参加过的媒介活动；（2）被试者希望通过媒介达成的目标。

1．被试者曾经参加过的媒介活动

小学生参加过哪些媒介活动呢？通过分析可以看出，被试者主要最常参加的媒介活动排名如下：

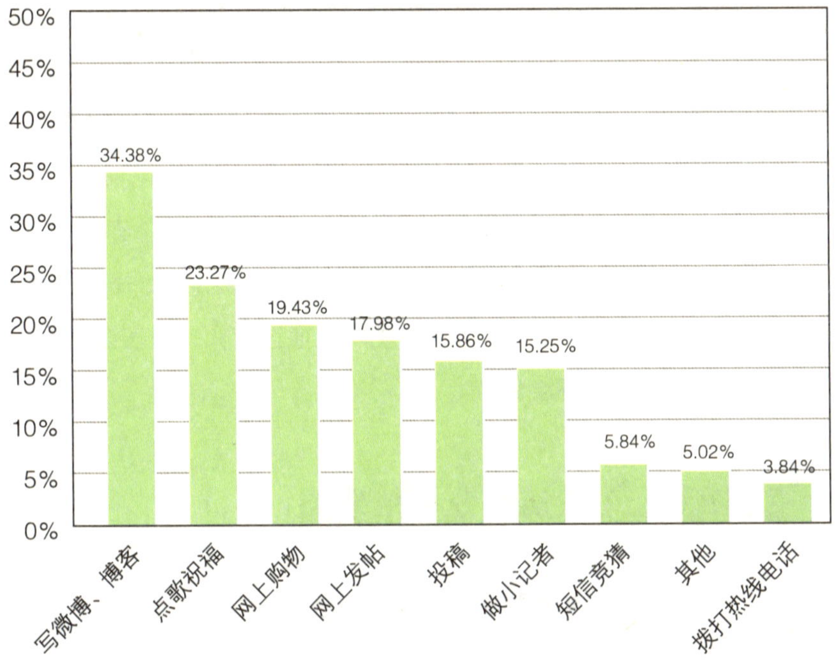

通过数据的排序可以看出，排名第一位的是写微博、博客，有34.38%。通过数据的对比可以发现，高年级的学生（45.57%）比低年级的学生（17.14%）更愿意参与写微博与博客这项活动。

2．被试者希望通过媒介达成的目标

通过分析排序后可以看到，被试者希望通过媒介达成的目标的排序如下：

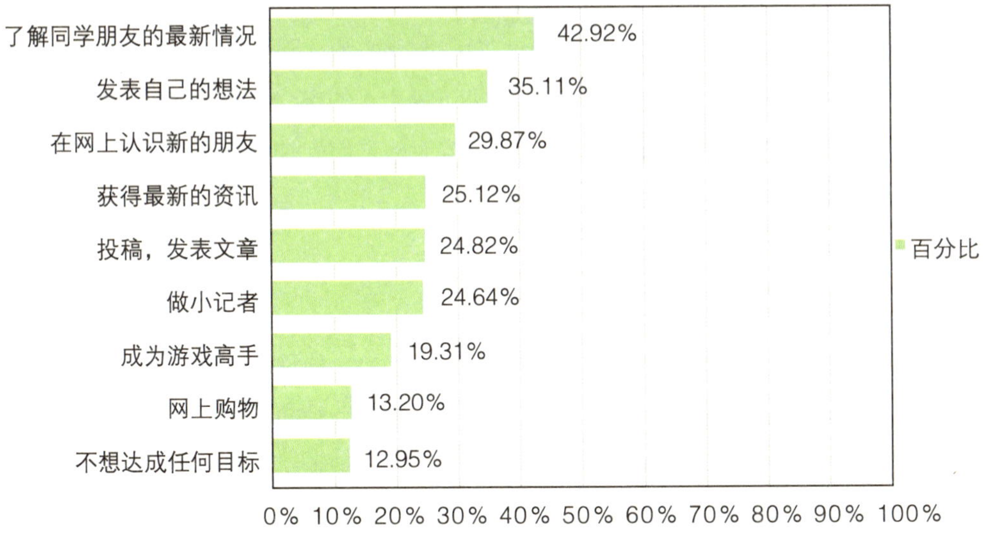

数据表明，被试者最希望达成的目标位于前三的分别是：（1）了解同学、朋友的最新消息；（2）发表自己的想法；（3）认识新的朋友。这说明交流和展示是少先队员希望通过媒介达成的主要目标。这也从一个侧面说明了为什么孩子们会喜欢写博客与微博。

通过数据的对比可以看出，男生比女生更热衷希望通过媒介而成为游戏高手，只有11.52%的女生希望能通过媒介成为游戏高手，选择此项的男生则高达31.31%。同时，高年级的学生，会更愿意通过媒介去发表自己的想法，而低年级的学生在这方面的意愿会偏低。

第四节　个人访谈分析结果

在上一章中，我们根据调查数据分析了广州地区少先队员的媒介接触现状、媒介使用现状及媒介素养现状。根据广州地区少先队员的这些表现，我们将少先队员的媒介素养分成了四种不同类型的媒介使用者：初学者、普通使用者、小专家以及小网虫。为了更好地理解这四种媒介使用者的媒介行为，在本研究中还采用了定质研究方法，从各类型使用者当中分别挑选了两名左右有具体典型特征表现的少先队员进行个人采访。被访者一般离该类型中心的距离较近。

在组织采访与分析采访内容的过程中，本研究遵循了“就中心问题进行采访”的原则，也就是不断地交互采用了“归纳”与“演绎”的方法，既可以从复杂的实际数据中找到基本的问题，也可以从中心问题演绎出基本的事实。

在个人采访中，谈话的核心围绕着被采访者个人的媒介使用行为、对媒介的看法等进行，也特别关注到家庭环境、父母态度对他们媒介使用行为的影响。所有的采访全部进行了记录和录音。

一、“初学者”印象

“初学者”大都是小学四年级以下的低年级学生，他们的特点是很少或比较少使用新媒介——电脑、网络、手机等。他们会偶尔将电脑和网络用于进行交流和娱乐，同时也对新媒介的一些基本功能有所涉及，例如记事本、保存文件、发邮件、查询资料等。但他们对新媒介的其他功能还不太了解，平时主要还是以浏览信息和观看视频为主。为了能对这些小学的“初学者”有一个更全面、更直接、更真实的了解，我们对这些学生进行了个人访谈。

综合这“初学者”的访谈，我们可以知道，在如今这个高科技发展迅猛的社会里，媒介使用初学者对这些新媒介的基本认识还是有的，他们对这些媒介的使用更多的还是以娱乐和阅读为主，他们摄取知识的主流还是传统媒介或身边的父母与老师。

二、“普通使用者”印象

“普通使用者”相比“初学者”，已能熟练掌握一般的电脑基础知识并进行实际操作，但他们的媒介行为很少体现在娱乐和消遣方面，更多的则是专注于学习。相对于电脑、手机等新生媒介，他们更喜爱广播、书籍等传统媒介，是我国典型的好学生的代表。虽然他们对新生媒介充满着好奇，但自控能力较好，因此这类学生的父母往往能给予他们充分的信任，一般都不限制孩子的上网时长，更多是从旁提醒。他们对待媒介都保持中立的态度，但是对待问题时却有着理性的思考，不过在问题的处理方面尚处于较被动的状态。

但在采访过程中，我们还发现了一些阻碍“普通使用者”进一步深入了解和使用媒介的因素，具体表现在如下三个方面：

（1）家长对孩子的保护意识。例如有受访表示自己的父母虽然没有限制自己的上网时间，但是对于网站新闻的浏览，一般都会由父母先筛选出正面、健康、积极的新闻，然后才让自己浏览。

（2）学校对孩子的保护意识。有受访者表示学校经常会召开会议，告诫学生沉迷网络的弊端并劝告孩子要合理利用网络。

（3）学生自己的选择方面。受访者表示自己对那些游戏不感兴趣，比较喜欢阅读书籍，而且电脑和手机对眼睛的伤害大，他们更愿选择辐射较小的书籍和电视，所以对进一步接触新媒介心存顾虑。

三、“小专家”印象

“小专家”在使用新媒介的过程中都能做到正确地处理与新媒介的关系，在熟悉掌握的前提下做到了不沉迷。虽然还只是少先队员，但是媒介已经成为了他们生活中不可或缺的一部分。受访者小喆在刚刚上五年级的时候就提出了“换客”的概念，并且借助网络的平台进行宣传，同时，小喆每天都使用电脑上网，熟练掌握电脑一般软件的使用方法。

通过调查和整理，发现“小专家”们拥有的共同点是：

（1）电脑与网络是他们日常生活中不可或缺的一部分，他们懂得如何使用新媒介，使之为自己服务。

（2）他们的父母职业稳定，在家经常使用新媒介，并支持他们在允许的范围内接触和使用新媒介。

（3）他们本身成绩较好，他们的老师也鼓励他们进行新知识的学习，包括新媒介的使用等相关知识，他们也会主动地去学习新的媒介知识。

（4）他们的家人对其要求很高，对他们的成长有着相对明确的规划，并且有自己的心得，在他们成长的很多细节上下足了功夫。

四、“小网虫”印象

“小网虫”显著的特点之一就是上网时间长、过度使用网络。他们会使用不同的媒介上网，如电脑和手机。他们对各种新媒介的基本的功能都有较为深刻的认识，并能使用新媒介以达到娱乐和交流的目的。而对于新旧媒介的选择，他们往往倾向于功能强大的新媒介，如电视、手机和电脑，而对传统的广播和报纸并不是十分感兴趣。在对于新媒介使用选择中，他们也有所偏重，对电视的倾向性相对弱于电脑和手机。“小网虫”经常使用的网络功能是游戏功能与聊天功能，对电脑的依赖性最强。在使用新媒介的过程中，由于“小网虫”年龄相对较小，心智不太成熟，缺乏自制力，因此“小网虫”并不能完全正确地对待网络，网络的过度使用也对其学习和生活产生了不良影响。“小网虫”喜欢网络游戏和网络聊天，对新媒介的认识使用能力和学习能力较强，但他们缺乏自控能力和正确的引导，容易导致出现过度使用网络的行为。另外，他们对电脑的依赖性和倾向性很大。

第五节　调研问卷

一、广州少先队员媒介素养研究调查问卷

亲爱的同学们：

我们经常接触到的媒介有书籍、报纸、杂志、电视、广播、网络、手机等，我们生活在一个媒介化的社会，每天都要接触到很多媒介传递给我们的信息，关于媒介和自己的话题，你可能有很多想法，通过这份问卷表达一下吧！这份问卷不记姓名和学校，我们真诚地希望你能如实回答各题，不漏答任何题目。我们保证对你的选择严格保密。请在你认为正确的答案选项上打“√”。

（一）基本信息

1. 你的性别：

A. □女

B. □男

2. 你读几年级?

A. □一年级

B. □二年级

C. □三年级

D. □四年级

E. □五年级

F. □六年级

3. 爸爸教育程度：

A. □高中或以下

B. □大学（含大专及本科）

C. □硕士（研究生）或以上

4. 妈妈教育程度：

A. □高中或以下

B. □大学（含大专及本科）

C. □硕士（研究生）或以上

5. 爸爸的职业：

A. □党政机关/社会团体/事业单位工作人员

B. □企业管理人员

C. □企业普通职员

D. □科教文卫的专业人员

E. □自由职业者

F. □私营企业主、个体商户

G. □无业、失业、待业

H. □农民

I. □其他

6. 妈妈的职业：

A. □党政机关/社会团体/事业单位工作人员

B. □企业高层管理人员

C. □企业普通职员

D. □科教文卫的专业人员

E. □自由职业者

F. □私营企业主、个体商户

G. □无业、失业、待业

H. □农民

I. □其他

7. 你家有订报纸吗?

A. □有，订了一种报纸杂志

B. □有，订了两份报纸杂志

C. □有，订了三份或以上的报纸杂志

D. □我们家没有订任何报纸杂志

8. 你订阅了哪些少儿报纸杂志?

____

9. 你家有几台下述的电子产品? 请在对应数量的空格上打勾。

	0台	1台	2台	2台以上
电视				
电脑（台式电脑及手提电脑）				
收音机				
手机				
平板电脑（含ipad等）				
游戏机（含PSP、NDS、WII等）				
DVD机				

（二）媒介接触状况

10. 你平均每天使用下面这些媒介的时间是多久? 请在对应的位置打勾。

	从不	30分钟以内	30分钟—1小时	1—2小时	2小时以上
课外书					
报纸					
杂志					
广播					
电视					
电影					
网络					
手机					
平板电脑（含ipad等）					
其他					

11. 你最常用的三种通信交流方式是：（多选题）

A. □QQ

B. □手机短信

C. □儿童网游中的通信功能（如摩尔庄园、奥比岛、赛尔号等）

D. □电子邮件

E. □微博

F. □手机

G. □固定电话

H. □其他________（请注明）

12. 你认为可以从以下哪种媒介中学习到最多的东西?

A. □课外书

B. □报纸

C. □杂志

D. □广播

E. □电视

F. □电影

G. □网络

H. □手机

I. □平板电脑（含iPad等）

13. 你最常用哪三种方式看动漫卡通：（多选题）

A. □课外书

B. □报纸杂志

C. □电视

D. □网络

E. □手机

F. □平板电脑（含iPad等）

G. □其他________（请注明）

14. 面对以下情况，你会选择使用哪种媒介？请在对应的位置打勾。

	课外书	报纸	杂志	广播	电视	电影	网络	手机	ipad
开心的时候									
不开心的时候									
感到无聊的时候									
希望摆脱压力的时候									
感到孤独的时候									
希望了解新闻的时候									
希望了解新知识的时候									
需要娱乐的时候									
需要了解怎样解决自己的问题的时候									

（三）网络媒介使用状况

15. 你平均每天使用下面这些网络产品的时间是多久？请在对应的位置打勾。

		从不	30分钟内	30分钟—1小时	1—2小时	2小时以上
上网浏览新闻						
上网查找资料						
观看视频（如土豆网、优酷网、PPLIVE等）						
儿童网络游戏（儿童网络社区）						
聊天交流	QQ					
	飞信					
	MSN					
微博	腾讯微博					
	新浪微博					
	搜狐微博					
博客	QQ空间					
	新浪博客					
	班级博客					
	其他					
收听或下载音乐						
电子邮箱						
社区网站（如人人网、开心网等）						
网络购物（如淘宝网、当当网等）						
百科（如百度百科、维基百科等）						
其他________						

16. 你最常在哪三个地方上网？（多选题）

A. □家里

B. □学校电脑室

C. □亲戚、朋友家

D. □手机上网

E. □Ipad上网

F. □网吧

G. □其他________（请注明）

17. 你上网的时候，是否有家长在旁边指导？

A. □是

B. □否

C. □看情况而定

18. 你有通过网上认识的网友吗？

A. □有

B. □没有

19. 假如一周内不能使用互联网，你的感受怎样？

A. □烦躁不安，不知该做什么

B. □无精打采，提不起精神

C. □感觉孤独，与世隔绝

D. □无所谓

E. □时间更充裕，可安心做其他事情

F. □感觉安静和身心放松

G. □说不清

20. 你觉得在上网方面老师比你懂得多吗？

A. □老师懂得比较多

B. □我懂得比老师多

C. □不知道

21. 你觉得上网方面爸爸妈妈比你懂得多吗?

A. □爸爸妈妈懂得比较多

B. □我懂得比爸爸妈妈多

C. □不知道

22. 家长和老师对你上网是什么态度?

A. □赞成

B. □不赞成也不反对

C. □反对

23. 你希望爸爸妈妈或者老师指导你上网吗?

A. □希望

B. □不希望

C. □无所谓

24. 你认为上网与学习是什么样的关系?

A. □上网不利于学习

B. □上网有利于学习

C. □两者没什么关系

D. □看具体情况而定

E. □不知道

25. 你觉得网络对你最重要的影响是哪三项? (多选题)

A. □开阔了眼界，了解了很多书本看不到的知识

B. □查阅信息方便，给生活、学习带来了便利

C. □让我更加关心国家大事

D. □发展了我的社会交往能力

E. □占用了我的很多时间

F. □让我对游戏很痴迷

G. □其他________（请注明）

26. 你喜欢玩网络游戏吗?

A. □从来没有接触过

B. □非常喜欢

C. □无所谓

D. □不喜欢

27. 你如何看待网络游戏?（多选题）

A. □好玩而已

B. □可以开发智力

C. □没啥感觉，但父母对游戏有误解

D. □要控制打游戏时间

28. 你了解到网络游戏信息的渠道主要是哪三个?（多选题）

A. □朋友、同学介绍

B. □报纸、杂志

C. □互联网

D. □电视

E. □户外广告

F. □购物商场的专卖店

G. □学校旁边的小商店

H. □街上派发的宣传品

I. □其他________（请注明）

29. 你最喜欢玩的网络游戏（儿童网络社区）是哪三个？（多选题）

A. □从来不玩

B. □洛克王国

C. □赛尔号

D. □弹弹堂

E. □奥比岛

F. □奥拉星

G. □摩尔庄园

H. □火影世界

I. □卡布西游

J. □小花仙

K. □龙斗士

L. □库库马力

M. □网页小游戏（如2144，4399，7k7k等）

N. □其他________（请注明）

30. 你一般什么时候上网玩游戏?

A. □每天

B. □每周2—3次

C. □只在周末玩

D. □不定时

E. □从来不玩

31. 你每月用于网络游戏的费用是多少钱?

A. □0元

B. □1—5元

C. □5—10元

D. □10—20元

E. □20元以上

（四）移动终端使用状况

32. 你是否有属于自己的手机?

A. □有

B. □没有

33. 你最常用到手机（你自己或父母的手机）功能的哪三项? （多选题）

A. □打电话

B. □发短信

C. □上网（浏览网页，使用QQ、微博等）

D. □听音乐

E. □玩游戏

F. □看电子书

G. □看电影、电视剧、卡通片

H. □其他________（请注明）

34. 你最喜欢玩的手机游戏是哪三个? 请在答题线上写出游戏的名字：

A. ____________________

B. ____________________

C. ____________________

D. □我不喜欢玩手机游戏

35. 你认为小学生是否有必要配备一台自己的手机?

A. □很有必要，不但可以及时联系父母和朋友，还可以上网、玩游戏娱乐

B. □无所谓

C. □没必要，因为容易被偷，而且会影响学习

36. 你认为手机与学习是什么样的关系?

A. □手机不利于学习

B. □手机有利于学习

C. □两者没什么关系

D. □看具体情况而定

E. □不知道

37. 你是否有接触过类似ipad之类的平板电脑?

A. □有

B. □没有

38. 你通常会拿ipad（或其他平板电脑）来做哪三样事情？（多选题）

A. □玩游戏

B. □看书、报、杂志

C. □玩虚拟乐器（如模拟的钢琴、鼓、琵琶、吉他等）

D. □上网（浏览新闻、聊天等）

E. □看电影、电视剧、卡通片

F. □听音乐

G. □学习

H. □我不喜欢或从来没有使用过平板电脑（如ipad）

I. □其他________（请注明）

39. 你认为ipad与学习是什么样的关系?

A. □ipad不利于学习

B. □ipad有利于学习

C. □两者没什么关系

D. □看具体情况而定

E. □不知道

40. 你最喜欢玩的ipad（或其他平板电脑）游戏是哪三个？请在答题线上写出游戏的名字：

A. ______________________________

B. ____

C. ____

D. □我不喜欢在ipad（或其他平板电脑）上玩游戏

（五）媒介素养状况

41. 对于媒介上的内容，你的态度是：

A. □完全相信

B. □基本相信

C. □半信半疑

D. □基本不信

E. □完全不信

42. 你认为哪三种媒介最值得相信？（多选题）

A. □课外书

B. □杂志

C. □报纸

D. □广播

E. □动漫、卡通

F. □电视

G. □电影

H. □网络

I. □手机

J. □其他________（请注明）

43. 你认为自己能够判断网络信息的真假与好坏吗？

A. □能

B. □不能

C. □需要请教家长或老师

44. 在电视或者网络上看到暴力、淫秽色情等不良情节时，你会怎样做？（多选题）

A. □马上换其他内容，不继续看

B. □无所谓，继续看

C. □请求家长和自己一起看，并希望他们指导

D. □不知所措

45. 当电视出现广告时，你会：

A. □专心看广告

B. □转换一个没有广告的频道

C. □不换台，但离开去做别的事情

D. □边看广告，边做别的事情

46. 你认为广告是真实的吗?

E. □不真实的

F. □一部分是真实的

G. □真实的

H. □不知道

47. 你是否会因为自己喜欢的明星做某种产品的广告，而去购买这种产品?

A. □经常

B. □偶尔

C. □从来没有

48. 你最常参加的活动是哪三项?（多选题）

A. □投稿

B. □拨打热线电话

C. □点歌祝福

D. □短信竞猜

E. □网上发帖

F. □写微博、博客等

G. □网上购物

H. □做小记者

I. □其他________（请注明）

J. □没参加过任何一个

49. 你最希望通过媒介能达成哪三项目标？（多选题）

A. □投稿，发表文章

B. □在网上认识新的朋友

C. □获得最新的资讯

D. □了解同学朋友的最新情况

E. □做小记者（小主播）采访名人

F. □发表自己的想法

G. □网上购物

H. □成为游戏高手

I. □其他________（请注明）

J. □不想达成任何目标

50. 你的学校开展过媒介素养教育活动或课程（教同学们学会正确认识和有效利用媒介）吗？

A. □开设了媒介素养教育课程

B. □经常有此类活动或课程

C. □偶尔有此类活动

D. □没有此类活动

51. 你认为学校开设一门媒介素养课程是否有必要？

A. □有必要

B. □无所谓

C. □没有必要

二、广州市少先队员媒介素养研究个案调查调查问卷

采访人员须知：

文中黑体与加下划线部分为主要问题，其他问题都从属于这些主要问题。

除开场白及结语外，其他话题的顺序可根据被采访者所谈到的顺序来决定。

电脑和网络的使用是必须谈到的主要话题，其他媒介根据被采访者情况可取舍。

其他媒介可能会被提起，如果提起就要问相关问题。

0. 开场白

问1. 你昨天的闲暇时间做什么了？

●平常的一天就是这样过的吗？

●如果不是，那么平常一天是怎样过的？

●媒体在你一天中的生活扮演什么角色？

问2. 你周末一般都做什么？

●你是否使用过媒介呢？

●你看电视吗？听广播吗？上网吗？看杂志吗？

1. 话题A：电脑

问1. 你是否经常使用电脑？一般在哪里使用？使用多长时间？用电脑主要做什么？

●你经常使用电脑吗？

●平均一天用电脑多长时间？

●用电脑主要做什么？

●在哪里用电脑？

●你认为自己目前的电脑水平如何？

问2. 你如何解决电脑问题？

●如果电脑出了问题，你会如何解决？

●你的电脑最近有无出过问题？你是如何解决问题的？成功了吗？

●你是否曾帮你的同学解决过电脑问题？

问3. 哪些因素阻碍了你使用电脑？

2. 话题B：网络

问1. 你经常上网吗？一般在哪里上网？上多长时间？主要做什么？网络最吸引你的地方是什么？

问2. 你上网查找你需要的信息时，一般是如何查找的？你知道网站是如何经营的吗？

问3. 你认为网络的普及存在什么问题吗？

- 你在使用网络时遇到过什么问题？
- 对于网上的“虚假消息”你怎么看？
- 你是否上网时间过长？你上网有瘾吗？你觉得上网时间过长会有什么问题？

问4. 你是否利用网络进行过创作？

- 你是否参与过网上的讨论？
- 你是否在网上发表过文章？
- 你有无自己的网页（博客、微博或QQ空间）？

3. 话题C：手机和平板电脑

问1. 是否经常使用手机和平板电脑？一般在哪里使用？使用多长时间？用它们主要做什么？

- 你经常使用手机和平板电脑吗？
- 平均一天用手机和平板电脑多长时间？
- 用手机和平板电脑主要做什么？
- 在哪里用手机和平板电脑？
- 你认为自己目前的手机和平板电脑水平如何？

问2. 哪些因素阻碍了你使用手机和平板电脑？

4. 话题D：其他媒介的使用

问1. 你是否经常使用这些媒介？

问2. 你采取什么途径获得这些媒介来使用？

问3. 你觉得这种媒介哪些地方吸引你？

3.1 图书

●你经常读书吗？你喜欢读哪类书？

●你看的书从哪里来？

●书有哪些地方吸引你？

3.2 杂志

●你经常读杂志吗？你喜欢读哪类杂志？

●你看的杂志从哪里来？

●杂志有哪些地方吸引你？

3.3 报纸

●你经常读报纸吗？你喜欢读哪类报纸？

●你看的报纸从哪里来？

●报纸有哪些地方吸引你？

3.4 电视

●你经常看电视吗？你喜欢看哪类电视节目？

●你在哪里看电视？什么时候看电视？

●电视有哪些地方吸引你？

3.5 广播

●你经常听广播吗？你喜欢听哪类广播节目？

●你一般在哪里听广播？什么时候听广播？

●广播有哪些地方吸引你？

3.6 电影

●你经常看电影吗？你喜欢看哪些电影？

●你一般在哪里看电影？你通过哪些媒体看电影（电影院、网上、电视上）？

●电影有哪些地方吸引你？

5. 话题E

问：你认为电脑、手机和网络将来在我们的生活、工作和学习中会起什么样的作用？

中篇

媒介知识与体验

2

教学目标：认识自己与身边的各种媒介，了解不同媒介的功能、特点及其运作方式。

第一单元　媒介基本知识

第一章　认识自己与媒介

第一节　认识你我他

· 教学目标

建立团队，认识彼此，引出生活中的媒介。

· 教学建议

时间	主题	内容／步骤	材料准备	给教师的建议	备注
7分钟	一、团队建立	（一）认识你我他 1. 老师自我介绍 2. 分组；1、2、3、4报数分组 3. 小组用“击鼓传花”进行自我介绍 点评分享 （二）建立规范 1. 提出学生需遵守的班级规范 2. 说明课程的奖惩制度	PPT、音乐、“击鼓传花”的小公仔、班规及奖惩制度		√
8分钟	二、主题引入	活动：专注力——“捉媒介” 要求所有学生围成一个圆圈，每人向左右伸出两手，左手掌心向上，右手掌心向下放在右方学生手掌上面。只要听到“电”字，就要用右手抓住右边同学的手掌，左手则要尽量避免被人拍到	故事纸		√
5分钟	三、主要知识	（一）什么是媒介 （二）生活中的媒介 1. 报刊、广播、电视、互联网和手机等新媒介 2. 媒介与生活息息相关			√
15分钟	四、教学活动	自我介绍 1. 用三个词语或三句简单的话，向别人介绍自己 2. 根据这三个特点画出自己的一张自画像	工作纸1		√
5分钟	五、教学总结	1. 总结和巩固该课的内容 2. 配合家长辅导（详见《家庭用书》） 3. 布置任务	工作纸2		√
总计：40分钟					

· 教学内容与环节

一、团队建立

（一）认识你我他

【活动规则】1. 老师自我介绍；

2. 学生报数“1、2、3、4”，按数字分组；

3. 小组内用“击鼓传花”的方式传递公仔，音乐停止时由拿着公仔的同学进行自我介绍。

【点评分享】1. 介绍自己之前，必须把前一个人自我介绍的内容先说一次。

2. 介绍自己的时候，首先说出自己的名字、年级、喜欢做的事情（譬如看电视、跑步、画画等）。

（二）建立规范：课堂规则

1. 我们准时上课
2. 见面时我们相互问好
3. 我们上课时保持安静
4. 我们回答问题前先举手
5. 我们按时完成作业
6. 我们要保持课室的卫生

二、主题引入

活动：专注力——“捉媒介”

【活动规则】同学围成一个圆圈，每人向左右伸出两手，左手掌心向上，右手掌心向下放在右方同学手掌上面。只要听到老师说到“电”字，就要用右手抓住右边同学的手掌，左手则要尽量避免被人拍到。

【活动材料】故事内容：

从前有位刘先生，他知道诸葛梁先生很有学识，又有才能，于是想请诸葛梁先生帮助。

恰巧这天诸葛梁先生出去了，刘先生就在大厅里看电影。他看完电影又看电视，结果诸葛梁先生还是没有回来。不久，刘先生冒着大风雪第二次去找诸葛梁先生。不料诸葛梁先生拿着相机出去外拍了。刘先生只好留下自己的名片，上面有联系电话。可是过了很久，诸葛梁先生还是没有打电话给他。于是，刘先生第三次来到诸葛梁先生家。

诸葛梁先生觉得刘先生很有诚意，于是他们一起聊天，看电视、玩电脑、玩电子游戏。最后成为了好朋友。

三、主要知识

（一）认识什么是媒介

媒介是能在人与人、人与物、物与物之间传递信息的装置。例如，电视、电影、电话、电脑、网络、书籍、报纸、杂志、广播等及其生产、传播机构。

（二）生活中的媒介

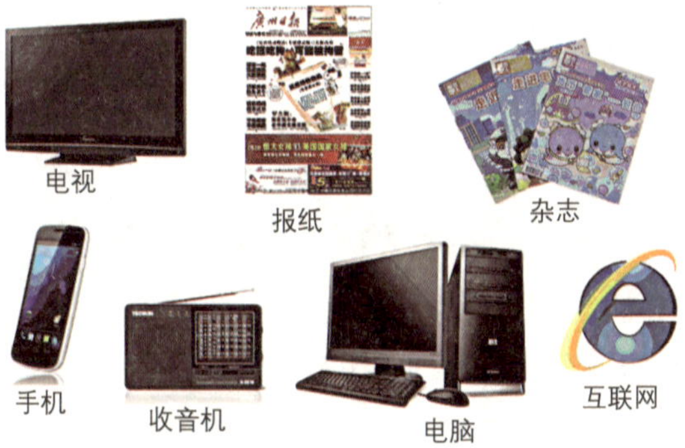

主要媒介：报刊、广播、电视、互联网和手机等新媒介。

（三）媒介的发展历史

简述媒介的发展历史，从口口相传到报刊、广播、电视、电脑和互联网、手机等媒介技术的发展，媒介与生活息息相关。

四、教学活动

活动：自我介绍

【活动规则】1. 用三个词语或三句简单的话，向别人介绍自己最欣赏自己的……（可以是自己的身体部位或特长。）

2. 根据这三个特点画出自己的一张自画像。

【活动材料】工作纸1

五、任务布置

1. 完成工作纸2《家里的媒介》中的表格。
2. 下节课每人带一套彩色画笔。

工作纸1：

自我介绍

我的名字： ______________

你最欣赏自己的……（可以是自己身体部位或特长），请在下面表格中写上用三个词语或三句简单的话，向别人介绍自己。

1.	
2.	
3.	

我的自画像

请根据以上三个特点画出自己的一张自画像。

工作纸2：

家里的媒介

我们身边围绕着各式各样的媒介，有报刊、广播、电视、网络等，请你和爸爸妈妈一起说出你家里有哪些媒介。“有”请打“√”，“无”请打“×”。

传统媒体	有／无	数量	你每天平均使用时间
报纸			
杂志			
图书漫画			
其他			
电子媒介	**有／无**	**数量**	**你每天平均使用时间**
收音机			
电视			
影碟机（CD，LD，DVD）			
随身听、MP3、IPOD等			
摄影机			
电视游戏机			
掌上型电子游戏机			
电子乐器（如电子琴）			
台式电脑			
手提电脑			
平板电脑			
电子辞典			
手机			
其他			

第二节　认识身边的媒介

· 教学目标

认识媒介的作用和媒介信息的诞生。

· 教学建议

时间	主题	内容／步骤	材料准备	给教师的建议	备注
5分钟	一、知识回顾	1. 回顾上节课内容 2. 作业分享	PPT		
5分钟	二、主题引入	活动：获取信息 1. 听一个故事 2. 让学生回答问题	故事稿		
10分钟	三、主要知识	（一）无处不在的媒介 1. 媒介让我们足不出户就能接收到各种信息 2. 通过各种媒介，我们可以扩大视野 （二）媒介信息的诞生 1. 电视节目 2. 广播节目 3. 报刊杂志 （三）主动运用媒介 主动地运用媒介，选择有用的、关键的信息			
15分钟	四、教学活动	活动：超时空法宝 1. 介绍游戏规则 2. 小组开工，完成任务后进行展示	媒介卡片、工作纸		
5分钟	五、教学总结	1. 总结和巩固该课的内容 2. 布置任务			
总计：40分钟					

· 教学内容与环节

一、知识回顾

二、主题引入

活动：获取信息

【活动规则】1. 让学生听一个故事。

2. 接着让学生回答以下问题：

（1）以下哪种物品没有在文章中出现过？

A. IPAD　　B. 报纸　　C. 手机

（2）诸葛梁先生为什么要看报纸？

A. 买电影票　　B. 了解天下事　　C. 玩切水果

（3）诸葛梁先生最喜欢玩哪一款游戏？

【活动材料】

诸葛梁先生是一个热爱学习，勤奋用功的人。他每天都看报纸了解天下事，他喜欢玩IPAD，他不玩植物大战僵尸，不玩切水果，只玩愤怒的喜羊羊。今天早上，他在家门口的OK便利店买了一份报纸，看到有几部新电影要上市了。于是，他打开电视看电影的预告片，然后上网查询票价，最后决定去看《东西游记》这部影片。

三、主要知识

（一）无处不在的媒介

【知识引入】

媒介就在我们的身边，并且无处不在。例如：报纸、杂志、电视、电台、交通电视等。

电视

报刊

广播

网络

【知识小结】

1. 媒介让我们足不出户就能接收到各种信息。

2. 通过各种媒介，我们可以扩大视野。

（二）媒介信息的诞生

（1）电视节目

电视台：

录制节目

剪辑

播放

（2）广播节目

广播电台：

准备

录制

播放

（3）报刊杂志

采访

编辑

版面设计

校对

印刷

发行

（三）主动运用媒介

媒介给我们传递很多信息，而我们要根据自己的需要，选择有用的、关键的信息。

主动地运用媒介，让媒介为我们服务，帮助我们获得更多有用的知识。

四、教学活动

活动：超时空法宝

【活动规则】1. 每四人／六人小组抽出一种媒介（例如收音机）。

2. 结合媒介的名称和特点给自己的团队命名（例如“光电脉冲霸王收音机”）。

3. 列举组别媒介的功能（例如能够听广播）。

4. 小组在工作纸上画一个法宝，法宝必须是自己队伍抽到的物品，并发挥你的想象力，你的这个法宝有什么特别的法力。例如：收音机——“光电脉冲霸王收音机”，除了能够听广播，还能接收来自外太空的信息，帮我们找到外星人朋友。

【活动小结】生活中的媒介主要有：报纸、广播、电视、互联网和手机等。

五、任务布置

完成小组名称命名和团队建立的任务，下节课展示。

工作纸：

超时空法宝

快来一起画一个法宝，发挥你们的想象力，把最喜欢的一种媒介设计成一个拥有特别法力的宝贝！

例如：收音机——“光电脉冲霸王收音机”，除了能够听广播，还能接收来自外太空的信息，帮我们找到外星人朋友。

我的法宝：

第三节　谁能当老大

· 教学目标

认识媒介的种类及各自的特点。

· 教学建议

时间	主题	内容／步骤	材料准备	给教师的建议	备注
5分钟	一、知识回顾	1. 回顾上节课内容 2. 作业分享	PPT		
5分钟	二、主题引入	活动：我来分一分 请同学们把提供的图形分成两类，并说出分类方式	媒介词语卡纸		
10分钟	三、主要知识	认识媒介的分类 1. 按传播方向 2. 按表现形式 3. 按人的感觉 4. 按出现顺序			
15分钟	四、教学活动	活动一：找伙伴 1. 每位学生代表一种媒介 2. 老师讲出分类方式，学生迅速与同一类型媒介的同学手拉手 活动二：谁能当老大 1. 介绍游戏规则 2. 四人一组，每小组代表一种媒介 3. 开展辩论赛，小组之间进行PK，各组说出所代表媒介的优点，看哪组最后能够辩论获胜当上“老大”	媒介词语卡纸 工作纸		
5分钟	五、教学总结	1. 总结和巩固该课的内容 2. 布置任务			
总计：40分钟					

· 教学内容与环节

一、知识回顾

二、主题引入

活动：我来分一分

【活动规则】

请把下面图案分成两类，并说出分类的依据。

三、主要知识

认识媒介的分类

1. 按信息传播方向：（1）单向媒介：报刊、广播、电视；
   （2）互动媒介：互联网。
2. 按信息载体：（1）印刷媒介：报刊；
   （2）电子媒介：广播、电视、互联网。
3. 按人收受信息的方式：（1）视觉媒介：报刊；
   （2）听觉媒介：广播；
   （3）视听综合媒介：电视、互联网。
4. 按发明顺序：第一媒介：报刊；
   第二媒介：广播；
   第三媒介：电视；
   第四媒介：互联网；
   新媒介：手机、平板电脑（例如iPad）、微博、微信等。

四、教学活动

活动一：找伙伴

【活动规则】1. 每位学生代表一种媒介。
2. 老师讲出分类方式，学生迅速与同一类型媒介的同学手拉手，并相互介绍自己。

活动二：谁能当老大

【活动规则】1. 四人一组，每小组代表一种媒介；
2. 开展辩论赛，小组之间进行PK，各组说出所代表媒介的优点，看哪组最后能够辩论获胜最终当上“老大”。

【游戏介绍】

我们的媒介集体里发生了一次激烈的争吵，报刊、广播、电视和互联网都想当老大，谁也不让谁。为了公平起见，大家决定进行一次PK，你来评评他们中谁能当老大呢？可以从历史地位、影响范围、使用人数、价格高低、方便性、信息量、生动性等方面进行比较，你觉得媒介集体中谁能当老大？快与同学一起讨论并把PK结果写下来。

【活动资料】工作纸

【活动小结】总结并对比报刊、广播、电视、互联网四大媒介的优缺点和功能。

五、任务布置

回家跟爸爸妈妈一起PK一下“媒介老大”吧。

工作纸：

谁能当老大

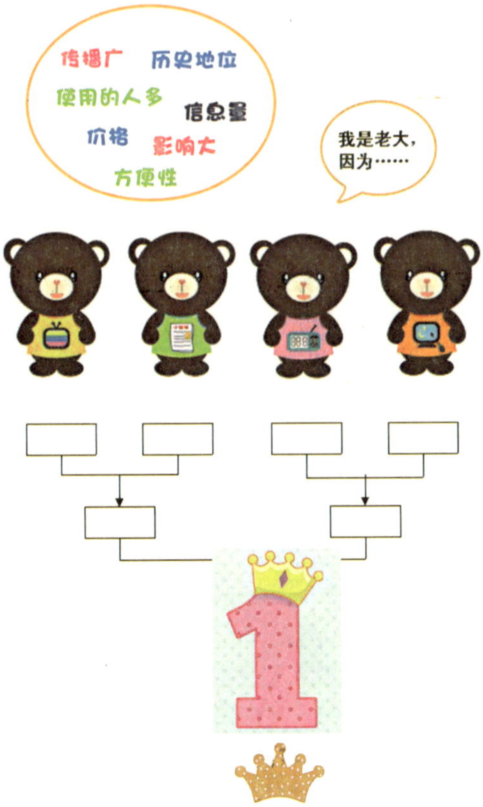

老大是____________！

第四节　传媒超市

· 教学目标

学会合理安排使用媒介的时间，做理智的媒介产品消费者。

· 教学建议

时间	主题	内容／步骤	材料准备	给教师的建议	备注
5分钟	一、知识回顾	1. 回顾上节课内容 2. 作业分享	PPT		
5分钟	二、主题引入	情景剧：看电视风波 思考讨论： 1. 在看电视的问题上，跟爸妈有不同意见吗 2. 怎样才能解决			
10分钟	三、主要知识	合理安排使用媒介的时间 1. 案例分析：刘大叔与诸葛梁先生的一天 对比：谁的时间用得比较充实 2. 小调查 （1）调查学生使用媒介的情况 （2）完成工作纸《时间巧安排》 （3）时光超级市场	工作纸1		
15分钟	四、教学活动	活动：时光超级市场 1. 介绍游戏规则 2. 老师标节目价格 3. 学生选购节目、贴上时光币 4. 总结讨论			
5分钟	五、教学总结	1. 总结和巩固该课的内容 2. 布置任务	工作纸2		
总计：40分钟					

· 教学内容与环节

一、知识回顾

二、主题引入

活动：情景剧——看电视风波

【活动规则】观看情景剧后对同学提问。

妈妈：丽丽，不要再看电视了，你看好久了耶！

丽丽：这个卡通很好看！我再看完这个就好。

妈妈：每部卡通你都说好看，不行！

丽丽：哇……给我看啦！我再看一下下就好了。

妈妈：唉！老是为了看电视吵，真烦！

【活动讨论】

1. 在看电视的时候，你跟爸妈吵过架吗?

2. 我们怎样才能解决呢?

三、主要知识

合理安排使用媒介的时间

使用媒介的时间和课外活动的时间要合理分配，不能把全部时间都用在上网、看电视等媒介上，我们还需要通过户外活动、生活体验去获得更多的知识、丰富我们的生活和锻炼身体。

1. 案例分析：刘大叔与诸葛梁先生的一天

(1) 刘大叔：每天上网打游戏，看卡通片，看漫画书，玩ipad。

(2) 诸葛梁：看报纸，看一会儿卡通片，看电视新闻。

对比：谁的时间用得比较充实?

2. 小调查

(1) 调查学生使用媒介的情况。

【活动材料】

工作纸1：

时间巧安排

你喜欢哪种媒介节目? 请填写下表并画好图中时钟的时针、分针，说明自己使用该种媒介及活动的时间，再想想当自己不用它时，还可以做什么?

A. 我最喜欢的媒介、节目 媒介名称：______ 节目名称：______	B. 我最喜欢的活动（例如运动、画画、做家务等） ______	更开心 （请打√）	对身体 更有益 （请打√）	更好 与别人沟通 （请打√）
由： 至：	由： 至：	A B	A B	A B

四、教学活动

活动：时光超级市场

【活动规则】1. 大家手上有12个时光币，每个相当于半个小时的时间。你可以在不同的购物架上选择你喜欢的节目。

2. 老师给写上的节目标上不同的价格。

3. 让孩子在所要买的节目旁边贴上时光币。

4. 总结讨论：花了多少、剩下多少、准备用剩下来的时光做什么等。

五、任务布置

和家长商量好每天使用媒介的时间计划表，并填写好工作纸2《我们的约定》。

工作纸2：

我们的约定

在使用媒介时，例如看电视节目、看电影、用电脑学习、用手机玩游戏等，爸妈对你的要求是什么？你自己的想法又是什么？请你与爸妈好好谈谈一天使用媒介的时间约定并执行吧！

在使用媒介问题上，我和□爸爸□妈妈□其他家庭成员________发生矛盾。

我们的冲突是（例如长时间看电视、玩电脑游戏入迷等原因，请简要写下来）：

____

爸爸妈妈的想法：	我的想法：

经过讨论，我们决定有些想法可以保留、有些需要修改。瞧，以下是我们共同商量出来的结果！

我们的约定从________月________日开始，请________做我的监督人。

我的信心星级：☆☆☆☆☆（请涂色）

我的签名：______________ 家长签名：______________

第二章　认识报刊

第一节　初识报纸

· 教学目标

初步认识报纸，了解报纸的要素。

· 教学建议

时间	主题	内容／步骤	材料准备	给教师的建议	备注
5分钟	一、知识回顾	1. 回顾上节课内容 2. 作业分享	PPT		
8分钟	二、主题引入	活动：小侦探 老师给学生讲“布丁不见了”的故事 考考你：谁是“凶手” 点评分享： 我们要想从报纸上获取更多信息，就要先学会认识报纸，了解报纸的各种元素	实物报纸	结合活动二“报纸要素找一找”	
10分钟	三、主要知识	认识报纸 讲解报纸的组成部分：报头、报眼、报眉、版位、栏目（结合报纸要素找一找）			
12分钟	四、教学活动	活动：报纸要素找一找 每组学生准备一份报纸，小组讨论并找出报纸的要素 点评分享： 报纸的作用和意义	不同报纸		
5分钟	五、教学总结	1. 总结和巩固本节课的知识点 2. 布置任务			
总计：40分钟					

· 教学内容与环节

一、知识回顾

二、主题引入

活动：小侦探——“布丁不见了”

【活动规则】1. 老师给学生讲“布丁不见了”的故事。

熊妹妹说：我中午回来的时候，就发现我的布丁不见了。

熊弟弟说：“我今天在家里睡懒觉，直到中午才起来呢！”

熊哥哥则说：“我一大早就出去了，还买了一份报纸，你们看，这就是我早上买的今天的报纸。”

【活动材料】“证据”报纸

老师提问：你知道谁是“凶手”吗?

“小侦探考考你”：

熊城晚报
2011年10月11日 星期二
熊城市区天气预报
熊城将于明年举办奥运会

1. 这份报纸的名称是什么?

2. 案发的日期是什么?

3. 这份报纸是哪个报社出版的?

4. 当天的头条新闻是什么?

【活动小结】报纸让我们知道很多信息。我们怎样才能从报纸上知道更多信息呢？首先我们要了解报纸！

三、主要知识

认识报刊

报刊不同的要素，让我们获取不同的信息。就像我们身体不同的器官，有着不同的作用。认识报刊，我们就可以更好地利用报刊，知道更多信息。

报刊的要素：

1. 报头：报头上最主要的是报名。报头下面常常用小字注明编辑出版部门、出版登记号、总期号、出版日期等。

2. 报眼：报头旁边的一小块版面，通称“报眼”。对“报眼”的内容安排没有定规，有的用来登内容提要、日历和气象预报，有的用来登重要新闻或图片，有的用来登广告。

3. 报眉：指报纸版面最上方的线（眉线）上方所印的文字，包括报名、版次、出版日期、版面内容标志等。由于第一版放置报头，所以所有的报纸第一版都没有眉线和报眉。

4. 版位：报纸的版面位置叫版位。对一份报纸来说，第一版是要闻版，排在这一版上的新闻比其他版重要。在横排报纸的版面上，左上角要比右上角重要。报纸新闻标题所用的字号大小也能显示它的重要程度。

5. 栏目：栏目是报纸定期刊登同类文章的园地，经常在报纸上看到的有“科技天地”、“国际瞭望”、“读者来信”等栏目名称。

四、教学活动

活动：报纸要素找一找

【活动规则】1. 学生分组，老师发报纸到每个小组里，让学生在组内讨论。

2. 根据之前所学的知识点，学生当一名小侦探，找找报纸上的要素。

【活动材料】每组一份报纸

【活动小结】

1. 报纸反映了时政、社会、体育、科技、生活等方面的信息。让我们知道身边、世界每天都有哪些事情发生。同时，报纸上的评论，一些旅游、生活文章，也是人们对于生活的观察、记录、分享的结果。

2. 报纸上不同的栏目也提供了不同方面的知识。

五、任务布置

收集几份自己喜欢的报纸或杂志，下节课带来上课；另外自己准备好剪刀、固体胶和画笔等。

第二节　我会看报纸

· 教学目标

拓宽报刊版面安排和设计的眼界，学习安排标题、正文和图片的位置。

· 教学建议

时间	主题	内容／步骤	材料准备	给教师的建议	备注
5分钟	一、知识回顾	1. 回顾上节课内容 2. 作业分享	PPT		
5分钟	二、主题引入	活动：拓宽报刊眼界 1. 学生分组，每组4人左右 2. 老师展示不同版面安排和设计风格的报刊设计范例 3. 学生讨论每种报刊设计的特点	报刊实物		
10分钟	三、主要知识	几种不同的版面设计风格：百科型、优雅型、插画型、抽象型、实用型、字体型、创新型			
15分钟	四、教学活动	活动：我的报刊——剪报 1. 共同讨论做剪报的知识 2. 小组合作完成一份“我的报刊” 3. 小组派代表上台展示 点评分享： 我们平时在阅读报纸、杂志时，常常会发现有许多自己感兴趣的知识或优美的语言、图片等。可以通过剪报的方式，及时收藏我们觉得有价值的信息	报刊、剪刀、固体胶、画笔、画纸		
5分钟	五、教学总结	1. 总结和巩固本节课的知识点 2. 布置任务			
总计：40分钟					

· 教学内容与环节

一、知识回顾

二、主题引入

活动：你知道原因吗？——拓宽报刊眼界

【活动规则】1. 学生分组，每组4人左右。

2. 老师展示不同版面安排和设计风格的报刊设计范例。

3. 学生讨论每种报刊设计的特点。

【活动材料】从左到右：（参考）百科型、优雅型、插画型、抽象型、实用型、字体型、创新型。

三、主要知识

不同的版面设计风格

1. 百科型：将所有的信息一网打尽，有一种百科全书式的感觉。这需要做大量的前期准备工作来让读者留下深刻印象。

2. 优雅型：较多的空白，使页面显得清新优雅。这需要配合较轻巧的字体，掌握好空白的尺度。

3. 插画型：视觉元素突出，既能通过元素来解释正文，也能用此吸引读者的眼光。这一般需要用文字围绕图片，让文字内容与图片融为一体，图片又能传达文字的意思。

4. 抽象型：采用抽象的设计手法，凭设计师的直觉设计。这需要打破常规，不要事先在脑海中设下太多的条条框框。这种类型的报纸不是每一个人都能够接受。

5. 实用型：版面上每个元素都有某种目的，都是为了能够使报道更加直观明了。这往往需要一些数据、图表的设计来提升报道的吸引力。

6. 字体型：将文字进行艺术化处理，将图片和文字有机结合。这需要文字与图片相结合，字体与内容相呼应，平衡好可读性和视觉效果之间的关系。

7. 创新型：令人耳目一新，颠覆老一套的设计思路。这需要用上更多的设计技巧，必须以一种全新的思路来设计版面；但没有前车之鉴，有一定的风险。

【活动小结】

只要掌握了版面安排的小技巧，你也能设计出吸引人的报刊。

四、教学活动

活动：我的报刊——剪报

【活动目的】1. 初步懂得利用书刊进行收藏、记录；

2. 掌握剪报的知识和制作。

【活动引入】

我们平时在阅读报纸、杂志时，常常会发现有许多自己感兴趣的知识或优美的语言、图片等。但是，时间一长，当我们需要用到它们时，却很难再找到。

这种情况是否也在你们的身上出现过？那么，该怎么办呢？我们可以通过剪报的方式，把我们看到的觉得有价值或感兴趣的信息保存、收藏起来。

【活动规则】1. 学生分组，共同讨论做剪报的知识：

（1）制作剪报的步骤。（阅读→剪下自己认为有价值的内容→分类→粘贴→装饰→命名）

（2）可以收集什么样的材料？（能增长知识的，对自己的学习、生活有帮助的内容）

（3）从何处收集材料？如何收集？（书刊、网上查阅等。是自己的书刊，可直接剪下；不是自己的，应先将有关内容复印下来，再剪贴复印件）

（4）给剪报起个什么名字？（根据收集的内容，起相应的名称）

（5）如何能够将剪报装饰得更漂亮些？

2. 小组合作完成一份《我的报刊》。

3. 完成后，小组派代表上台展示。

【活动材料】画纸、彩笔、剪刀、固体胶、学生带回来的报纸和刊物

【活动小结】制作剪报是一项非常有意义的活动，只要我们平时多看书、多看报，及时收集自己需要的资料，慢慢地，你就会拥有一本本内容丰富、精致美观的剪报。它们将成为你的小小资料库，成为你亲密的伙伴。

五、任务布置

继续完善《我的报刊》。

第三节 看图传情

· 教学目标

认识图片传播信息的特性，了解图片能表达不同的气氛和情绪。

· 教学建议

时间	主题	内容／步骤	材料准备	给教师的建议	备注
5分钟	一、知识回顾	1. 回顾上节课内容 2. 作业分享	PPT		
10分钟	二、主题导入	活动：拼一拼 1. 请同学们来拼七巧板，先听老师描述，然后拼出图形 2. 请说出这个七巧板图形像什么 思考提问： 通过听和看，你觉得哪种更容易了解表达的信息 点评分享： 有时候图片可以提供更直接的信息			
15分钟	三、主要知识	1. 认识图片在信息传播中的重要性 2. 了解图片的情绪 图片可以表达不同的气氛和情绪	七巧板、图形		
5分钟	四、教学活动	活动：图片连连看 1. 辨认图片中人物的情绪 2. 把图片中的人物表情和天气图片连接起来	图片		
5分钟	五、教学总结	1. 总结和巩固本节课的知识点 2. 布置任务			
总计：40分钟					

· 教学内容与环节

一、知识回顾

二、主题引入

活动：拼一拼

【活动目的】认识图片在信息传播中的重要性

【活动规则】

1. 请同学们来拼七巧板，先听老师描述，然后拼出图形。

2. 请说说拼出的这个七巧板图形像什么。

思考提问：通过听和看，试比较这两种情况，你觉得哪种更容易让人了解所要表达的信息？

【活动演示】

案例一：例如，左边两个大三角形，中间两个小三角形夹着一个正方形，右边一个三角形靠着一个平行四边形。你觉得拼出一个什么图形？

案例二：让我们来看下面图形，它们分别是什么？

【活动材料】七巧板

【活动小结】有时候图片可以提供更直接的信息。

三、主要知识

1. 认识图片在信息传播中的重要性：图片可以提供让人容易明白的信息。

2. 了解图片的情绪：图片可以表达不同的气氛和情绪。

四、教学活动

活动：图片连连看

【活动规则】1. 辨认图中人物的情绪。

2. 把图中的人物表情和天气连接起来。

【活动材料】

【活动小结】图片可以表达不同的情绪和氛围。

五、任务布置

完成工作纸：《图片传情》。

工作纸：

图片传情

我的姓名：

请用3—5张照片，配以文字故事，表达情绪的变化。（可另外用纸做。）

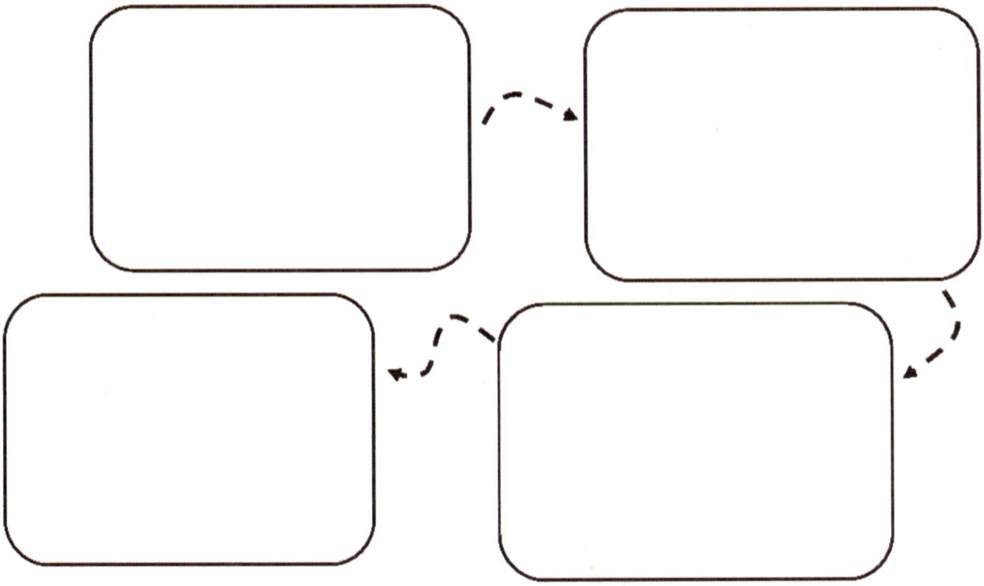

第四节　图片会说话

· 教学目标

了解用图片表达故事。

· 教学建议

时间	主题	内容／步骤	材料准备	给教师的建议	备注
5分钟	一、知识回顾	1. 回顾上节课内容 2. 作业分享	PPT		
5分钟	二、主题引入	感受图片的作用： 看日本地震的文字报道及图片，对比文字和图片给我们带来的不同感受	图片卡		
10分钟	三、主要知识	图片的作用： 1. 图片能带来强烈的视觉冲击，让我们对事件有更深刻的感受 2. 图片比文字更容易吸引读者的注意			
15分钟	四、教学活动	活动：图片讲故事 1. 看图片，请用词语概括每幅图片的内容 2. 试把图片组合，讲讲可能告诉我们一个什么故事 点评分享： 1. 通过组合图片可以简明地讲述一个故事 2. 不同的组图顺序可以表达不一样的故事情节	图片卡		
5分钟	五、教学总结	1. 总结和巩固本节课的知识点 2. 布置任务			
总计：40分钟					

· 教学内容与环节

一、知识回顾

二、主题引入

感受图片的作用

【教学材料】看日本地震的文字介绍以及图片，对比文字和图片带来的不同感受。

材料一：新华网东京2011年3月17日电，日本警察厅17日说，截至当天10时，11日发生的日本大地震及其引发的海啸已造成5178人死亡、8608人失踪。

据日本共同社报道，宫城、福岛、岩手等8个县的避难人数现约有38万人，地震和海啸造成毁坏的房屋达10万多栋，这次灾难造成严重人员伤亡和财产损失。

材料二：一组关于日本地震灾情的图片

三、主要知识

图片的作用

1. 图片能给人以强烈的视觉冲击，让看图片的人比单纯看文字能对事件产生更深刻的感受。
2. 图片通过组合可以简明地讲述一个故事，不同的图片顺序可以表达不一样的故事。

四、教学活动

活动：用图片讲故事

【活动规则】

1. 看图片，请用词语概括每幅图片的内容。
2. 试把图片组合，讲讲可能告诉我们一个什么故事。

【活动材料】

组图一：

1　　2　　3

组图二：

1　　2　　3

五、任务布置

完成工作纸：《照片故事》。

工作纸：

照片故事

请用3—5张照片，配以文字，记录你的“羊城创意游”。（可另外用纸做。）

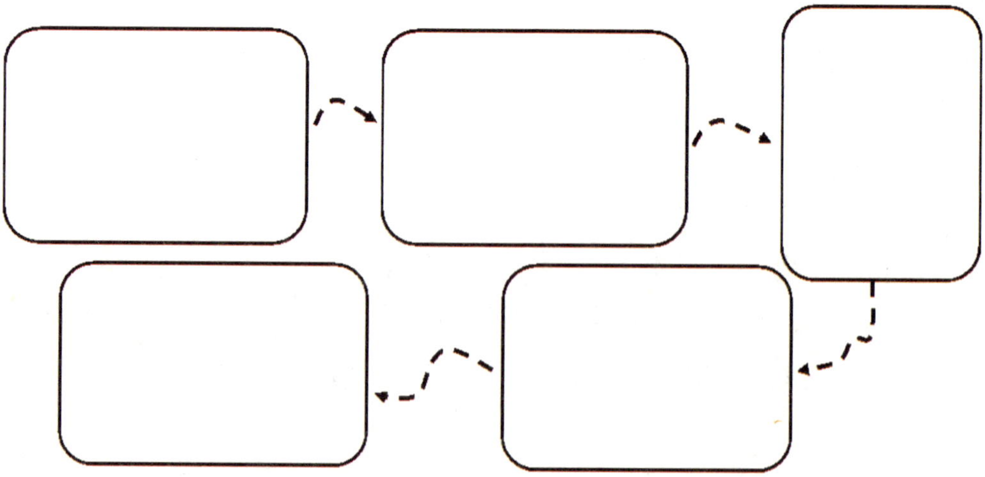

第三章　认识广播

第一节　初识广播

· 教学目标

了解广播的历史及特点。

· 教学建议

时间	主题	内容／步骤	材料准备	给教师的建议	备注
5分钟	一、知识回顾	1. 回顾上节课内容 2. 作业分享	PPT		
5分钟	二、主题引入	你了解广播吗? 思考： 1. 你知道世界上哪些有趣的广播事件 2. 你知道世界上第一座广播台吗 3. 你知道中国的第一个少儿广播节目是什么吗			
10分钟	三、主要知识	广播的发展史 1. 世界上的第一次广播 2. 世界上著名的广播事件 观看视频：“火星人入侵地球” 3. 广播电台的发展 4. 中国早期的广播及著名播音员 观看视频：“小喇叭开始广播啦” 5. 网络广播	视频材料		
15分钟	四、教学活动	说说“身边的广播” 思考讨论： 1. 你最近收听的一则广播是在哪里 2. 你知道爷爷、奶奶、爸爸……是在哪里收听广播吗 3. 你见过的最有趣的广播、收音机长什么样子			
5分钟	五、教学总结	1. 总结和巩固本节课的知识点 2. 布置任务			
总计：40分钟					

· 教学内容与环节

一、知识回顾

二、主题引入

思考：你了解广播吗?

1. 你知道世界上哪些有趣的广播事件吗?
2. 你知道世界上的第一座广播台吗?
3. 你知道中国的第一个少儿广播节目?

三、主要知识

（一）世界上的第一次广播

1906年圣诞节前夜，美国的费森登和亚历山德逊在纽约附近设立了一个广播站，并进行了有史以来第一次广播。广播的内容是两段笑话、一支歌曲和一支小提琴独奏曲。这一广播节目被当时四处分散的持有接收机的人们清晰地收听到了。

（二）世界上著名的广播事件

看视频：《“火星人入侵地球”事件》

【活动材料】

1938年10月30日晚，万圣节的前一天。一个声音在美国大地回荡：“火星人入侵地球了！”顿时，成千上万的美国人弃家而逃，社会陷入一片混乱。其实，这是哥伦比亚广播公司在播出广播剧——《火星人入侵地球》，但没想到由于节目的效果太过逼真，以致上百万美国人信以为真，由此陷入极度的恐慌中。这就是广播历史上最著名的“火星人入侵地球”事件。

（三）广播电台的发展

1. 世界上第一家电台

   1920年10月27日，美国匹兹堡KDKA电台正式成立，是世界上第一家电台。它的播音标志着广播事业的正式诞生。

2. 中国第一家广播电台

   1923年1月24日，美在华第一个电台正式开播，呼号为ECO。

   1926年，中国出现第一家自办广播电台——哈尔滨广播电台。

（四）中国早期的广播及著名播音员

观看视频：《小喇叭开始广播啦》

【活动材料】

1956年9月4日小喇叭节目开播，小喇叭是中央人民广播电台的一档著名少儿节目。一直播出到现在，伴随了近三代人的成长，在一段时间内甚至是中国大陆唯一的少儿广播节目，因而也曾经是中国大陆覆盖面最广、影响最大的一档少儿节目。

思考讨论：

1. “故事爷爷”是谁?

2. “故事阿姨”又是谁?

3. 你觉得故事爷爷讲的故事怎么样?

4. 为什么故事阿姨主持的什么栏目很受欢迎?

认识中国早期的播音员：

“故事爷爷”——孙敬修先生

“故事阿姨”即后来的“故事奶奶”——康瑛女士

他们精湛的播讲艺术吸引了一代代的儿童，陪伴他们度过美好的童年。

（五）网络广播

在国内，广东珠江经济广播电台在1996年12月15日率先开通网上实时广播。

中央电视台在2001、2002年《春节联欢晚会》均进行了网上直播。

四、教学活动

活动：说说“身边的广播”

思考讨论：

1. 你最近收听的一则广播是在哪里?

2. 你知道爷爷、奶奶、爸爸……是在哪里收听广播吗?

3. 你见过的最有趣的广播、收音机长什么样?

五、任务布置：《来自学校广播的声音》

请你记下校园广播里最近播出的一则你最喜欢的内容，下一节课带来分享。

第二节　我会听广播

· 教学目标

了解广播节目的类型，学习广播新闻的特点。

· 教学建议

时间	主题	内容／步骤	材料准备	给教师的建议	备注
5分钟	一、知识回顾	1. 回顾上节课内容 2. 作业分享	PPT		
5分钟	二、主题引入	活动一：我讲你猜 每个小组派出代表上台，在规定时间内描述某一同学的特征，请台下同学猜猜他／她是谁 点评分享： 声音媒介可以为我们提供很多重要的信息，生活中应该多用心“聆听” 活动二：身边的广播 让学生听听汽车、校园、商场、车站等不同地方的广播，分辨不同的广播内容 点评分享： 身边到处都有各种各样的广播	音频材料：各种声音		
10分钟	三、主要知识	1. 认识广播节目的分类 简单介绍广播节目的基本分类： （1）新闻类节目 （2）社会教育类节目 （3）服务类节目 （4）文艺类节目 2. 广播新闻的特点 传播速度快、传播范围广、听觉优先、简短快捷等			
15分钟	四、教学活动	活动：校园广播故事 思考讨论： 1. 这个节目属于什么类型的广播 2. 新闻头条是什么	音频材料：校园广播		
5分钟	五、教学总结	1. 总结和巩固该课内容 2. 布置任务			
总计：40分钟					

· 教学内容与环节

一、知识回顾

二、主题引入

活动一：我讲你猜

【活动规则】每个小组派出代表上台，在规定时间内描述某一同学的特征，请台下同学猜猜他/她是谁?

【活动小结】声音媒介可以为我们提供很多重要的信息，生活中应该多用心“聆听”。

活动二：身边的广播

【活动规则】让学生听听汽车、校园、商场、车站等不同地方的广播，分辨不同的广播内容。

【活动材料】音频材料：各种声音。

【活动小结】身边到处都有各种各样的广播。

三、主要知识

（一）认识广播节目类型

广播节目的基本形态按内容分有四类：

1. 新闻类节目。以消息为主，特点是快、实、短、活，主要宣传政策、传播信息、引导舆论、传播知识等。

2. 社会教育类节目。内容主要以传播政治、思想、伦理和科学为主，意在推动城市精神文明建设。

3. 服务类节目。实用性强，能直接帮助受众解决思想、工作、生活中遇到的实际问题。

4. 文艺类节目。文艺与广播相结合的产物，以广播的方式传递文化艺术，使受众达到审美与娱乐的目的。具有娱乐和社会教育的作用。

（二）广播新闻的特点

具有传播速度快、传播范围广、听觉优先、简短快捷等特点。

四、教学活动

活动：校园广播故事

【活动讨论】1. 这个节目属于什么类型的广播节目?

2. 这个节目的听众是什么人?

3. 新闻头条是什么?

4. 这段校园广播符合广播播报的规范吗? 哪里做得好? 又有哪些不足呢?

【活动材料】音频材料：校园广播

五、任务布置：《我最爱的广播》

挑选自己最喜爱的一段广播内容下一节课课前与大家分享（也可自行创作或准备一段广播内容，可2—3人合作），时间控制在1分钟以内。

第四章　认识电视

· 教学目标

认识电视节目的分类与作用，学会选择合适的电视节目观看。

· 教学建议

时间	主题	内容／步骤	材料准备	给教师的建议	备注
5分钟	一、知识回顾	1. 回顾上节课内容 2. 作业分享	PPT		
5分钟	二、主题引入	情景剧：电视节目超市 思考讨论： 1. 超市里面卖什么 2. 你觉得电视节目吸引你吗 3. 你看过哪些电视节目			
15分钟	三、主要知识	1. 认识电视节目的类型 （1）新闻类节目 （2）教育类节目 （3）娱乐类节目 （4）服务类节目 活动：我来认一认 思考讨论： 分辨电视台的台标，举例子并进行分类 2. 认识电视的作用 看电视是休闲放松的方式，也可以是我们增长见识的方式 观看视频：《词语动画廊》	视频材料：《成语动画廊》等		
10分钟	四、教学活动	活动一：我最喜爱的电视节目 目的：了解喜爱的节目与选择合适的节目 活动二：电视节目“饮食金字塔” 目的：均衡选择适当的节目	作业纸1 作业纸2		
5分钟	五、教学总结	1. 总结和巩固该课的内容 2. 布置任务	作业纸3		
总计：40分钟					

· 教学内容与环节

一、知识回顾

二、主题引入

情景剧：电视节目超市

【活动材料】

小菜推着车走在电视节目超市里，她看到了许许多多的电视节目，她毫不犹豫地把喜欢的电视节目都放进推车里，推车里的电视节目越来越多……最后整个人都迷失在超市里了。

【活动引出】1. 超市里面卖什么?

2. 你觉得电视节目吸引你吗?

3. 你看过哪些电视节目?

三、主要知识

（一）认识电视节目类型

【活动规则】1. 认一认：让学生分辨电视台台标。

2. 给每个电视台列出“例子”，即相应的电视节目名字。

3. 给电视节目类型进行分类。

【活动材料】

1. 电视台台标：

2. 电视节目

【活动小结】电视节目类型：

1. 新闻类节目：国内新闻、国际新闻、新闻谈话节目等。
2. 教育类节目：青少年教育节目、社会教育节目等。
3. 娱乐类节目：动画片、电影、体育节目、综艺节目、游戏节目等。
4. 服务类节目：广告、生活服务节目等。

（二）认识电视节目的作用

【活动规则】1. 观看视频：《成语动画廊》。

2. 根据老师的提问回答问题。

提问：身边还有哪些增长知识的电视节目？

【活动小结】看电视是休闲放松的方式，也可以是我们增长见识的方式。

四、教学活动

活动一：我最喜爱的电视节目

【活动目的】了解喜爱的节目与选择适合的节目。

【活动规则】先让学生想一想：你最喜欢什么电视节目？分别属于什么类别？喜爱的是不是都适合我们？再完成电视节目小调查。

【活动材料】工作纸1《我们的最爱》

活动二：电视节目“饮食金字塔”

【活动目的】均衡选择适当的节目。

【活动规则】1. 了解健康饮食金字塔。

2. 思考：你觉得你收看的电视节目有“营养”吗？怎样才能均衡营养呢？

3. 结合自己的实际，把自己喜欢看的节目列出来，并放入金字塔，为自己制作一个电视饮食金字塔。

【活动材料】工作纸2《电视饮食金字塔》

【活动小结】

通过电视的分类，我们更容易找到我们想看的内容，想了解的信息，但每个电视节目的内容给予我们的营养不一样，我们看电视的时候，一定要注意营养均衡，多看增长知识类的节目，少看娱乐类的节目。

五、任务布置

完成工作纸3《我的电视节目收看记录》。

工作纸1：

我的最爱

我的名字：________

项　目	我	谁陪我一起看
1. 最喜欢看的电视节目类型		
2. 最喜欢看的卡通片		
3. 最喜欢看的电视频道		
4. 对你最有益处的电视节目		

工作纸2：

电视消费“营养金字塔”

你觉得你收看的电视节目有“营养”吗？怎样才能均衡呢？请结合自己的实际，把自己喜欢看的节目列出来，并放入金字塔，为自己制作一个电视消费“营养金字塔”。

工作纸3：

我的电视节目收看记录

请记录下你一周收看的电视节目，制作一份电视节目收看清单。

类型	节目名称	所用时间
新闻类		
教育类		
娱乐类		
生活服务类		

第五章　认识动漫

· 教学目标

了解动画制作的原理，学习制作简单的动画。

· 教学建议

时间	主题	内容／步骤	材料准备	给教师的建议	备注
5分钟	一、知识回顾	1. 回顾上节内容 2. 作业分享	PPT		
12分钟	二、主题引入	观看视频《Google Chrome》 1. 说一说： （1）你喜欢看动画片吗 （2）你最喜欢看的一部动画片是什么？为什么 2. 观看视频：《Google Chrome》 3. 提问：你们知道卡通片是怎么做出来的吗	视频素材：《Google Chrome》时长1分40秒		
8分钟	三、主要知识	了解“视觉暂留”原理 观看视频：《视觉暂留与动画原理》	视频素材：《视觉暂留与动画原理》约6分钟		
10分钟	四、教学活动	活动一：体验简单的卡通制作 教导学生学会制作两帧动画《笑脸》 活动二：算一算：制作卡通的艰辛 计算：一分钟要多少幅图？半小时的卡通需要多少幅？ 引出：需要做好一件事，是需要付出努力的，大家如果想成绩好，可以计算一下自己花了多少时间在功课上，每天做多少道题……	白纸、笔		
5分钟	五、教学总结	1. 总结和巩固该课的内容 2. 布置任务	工作纸		
总计：40分钟					

· 教学内容与环节

一、知识回顾

二、主题引入

【活动规则】1. 说一说：（1）你喜欢看动画片吗？

（2）你最喜欢看的一部动画片是什么？为什么？

2. 观看视频《Google Chrome》。

3. 提问：你们知道卡通片是怎么做出来的吗？

三、主要知识

了解“视觉暂留”原理

“视觉暂留”原理：物体在快速运动时，当人眼所看到的影像消失后，人眼仍能继续保留其影像1/24秒左右。

动画片制作的原理：由于人眼具有“视觉暂留”的特性，因此快速播放连贯的静止画面，人们就可以看到活动的影像了。

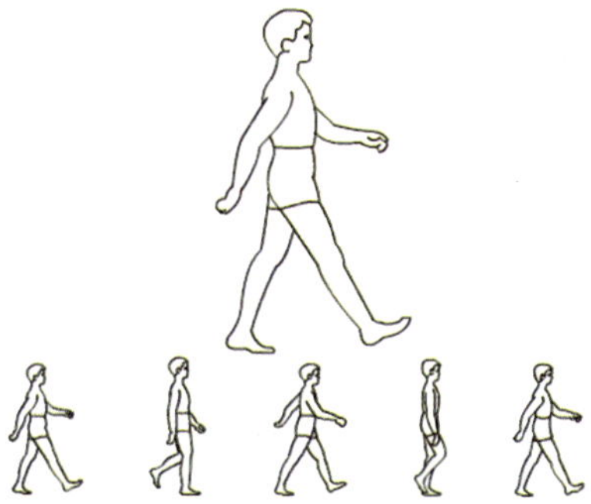

观看视频：《视觉暂留与动画原理》

四、教学活动

活动一：体验简单的卡通制作

【活动规则】教导学生学会制作两帧动画《笑脸》。

【活动材料】白纸、笔。

【活动教程】

步骤1　将纸对折，分为上方（A面），下方（B面）。

步骤2　先在B面上画一个卡通人物。

步骤3　再将A面贴紧B面，把透出来的人像的外部轮廓描在A面上。

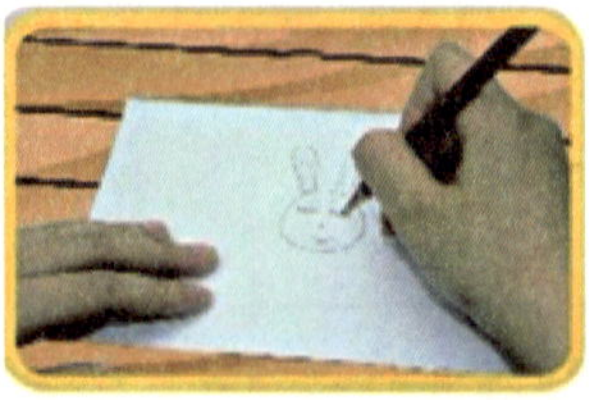

步骤4　给A面的人像添加与B面人像不一样的表情。

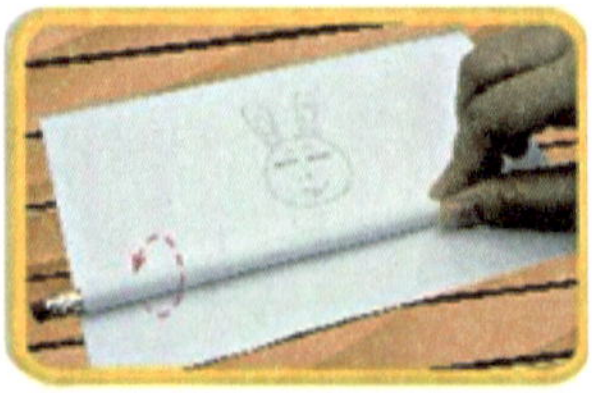

步骤5　用一支铅笔把A面卷起来。

步骤6　用手固定纸，并迅速上下滑动笔，一个简单的动画画面就出现了。

活动二：算一算，看看制作卡通的艰辛

【活动铺垫】

根据视觉暂留原理，画面流畅的动画片需要每秒至少播放24张画稿，如果每秒少于24幅画面或播放速度就会不均匀，视觉效果也就不流畅了。

【活动规则】1. 理解视觉暂留原理。

2. 请同学们算一算：

2秒的动画片，需要多少幅画稿?

3秒的动画片，需要多少幅画稿?

【活动小结】

制作卡通的过程是很艰辛的，但让我们看卡通时有美好的感受。我们做其他事情也一样，需要做好一件事，是需要付出努力的，大家如果想成绩好，可以计算一下自己花了多少时间在功课上，每天做多少道题……

五、任务布置

制作我的卡通人物，完成工作纸《便签卡通》。

工作纸：

便签卡通

作品名称：________________

请制作一个10页以上的便签动画，画在以下的方格内。

第六章　认识电子游戏

· 教学目标

认识电子游戏，了解电子游戏的利弊。

· 教学建议

时间	主题	内容／步骤	材料准备	给教师的建议	备注
5分钟	一、知识回顾	1. 回顾上节课内容 2. 作业分享	PPT		
3分钟	二、主题引入	思考讨论： 1. 你平时玩的是什么电子游戏 2. 你觉得电子游戏吸引你的地方在哪里			
12分钟	三、主要知识	1. 简单认识电子游戏及其分类 （1）什么是电子游戏 （2）电子游戏的分类（按照设备） 观看视频：《游戏发展史——超级马里奥》 2. 案例分析：《植物大战僵尸》的制作花絮 游戏设计师很喜欢一部电影《海角一乐园》，于是他就根据电影的一些情节，加以改造，设计游戏的角色及功能。 （1）角色设计 （2）故事创作 （3）游戏界面 （4）绘画等制作等花絮	视频素材：《游戏发展史—超级马里奥》		
15分钟	四、教学活动	活动：设计新游戏 1. 请同学们根据电子游戏《愤怒的小鸟》或者《植物大战僵尸》进行角色或故事情节改编 2. 上台展示分享	白纸、彩笔		
5分钟	五、教学总结	1. 总结和巩固该课内容 2. 布置任务	工作纸		
总计：40分钟					

·教学内容与环节

一、知识回顾

二、主题引入

【思考讨论】1. 你平时玩的是什么电子游戏?

2. 你觉得电子游戏吸引你的地方在哪里?

三、主要知识

（一）认识电子游戏及其分类

1. 什么是电子游戏?

人通过电子设备，如电脑、游戏机等，进行游戏的一种娱乐方式。

2. 电子游戏的分类（按照设备分）

（1）街机游戏

（2）电视游戏（家用游戏机游戏，需要与家中的电视机相连，用电视机来显示）

（3）电脑游戏

（4）无线游戏（手机、网络游戏）

观看视频：《游戏发展史——超级马里奥》

（二）案例分析：《植物大战僵尸》的制作花絮

1. 角色设计

2. 故事创作

3. 游戏界面

4. 绘画制作等花絮

【活动材料】《植物大战僵尸》的制作花絮

游戏设计师很喜欢一部电影《海角一乐园》，于是他根据电影的一些情节，加以改造，设计游戏的角色功能。

最初设计师在设计这个游戏时是想让植物与昆虫对战，但是当时已经出现了很多以花园为主题的游戏，休闲游戏市场几乎全被这种类型的游戏占据了，而设计师想要他的游戏脱颖而出，所以最终决定将植物与僵尸对决。今天看来，作者当初的大胆构思确实没有错!

游戏制作者认为：“植物非常符合‘塔’的角色，因为人们印象中植物是待在原地不动的，而僵尸的动作非常缓慢，这点非常重要，它可以在较小的场地中为玩家留出反应的时间。从某种程度上来说植物和僵尸这两个对立面是符合游戏技巧的必要性的。”

同时，作者还参考了《海底世界》等其他电子游戏设计的界面，从手绘设计稿到电脑程序编写、美术和音效等，进行了不断地改进完善。

（三）正确认识电子游戏的利与弊

电子游戏就像一把双刃剑，适当玩电子游戏有益智力，我们一定要合理安排玩电子游戏的时间，不沉溺、不过量地玩电子游戏。

四、教学活动

活动：设计新游戏

【活动规则】1. 请学生根据电子游戏《愤怒的小鸟》或者《植物大战僵尸》，重新改编创作，可以想一个游戏背景故事或设定新的角色、武器、游戏关卡、新的BOSS或游戏玩法等。

2. 上台展示分享。

【活动要求】例1：《愤怒的小鸟》任务分工

1. 设计新的小鸟（1种以上）
2. 设计新的反派角色（可以是防御更强的猪，也可以是其他怪物）
3. 设计新的关卡（画出来）
4. 新的游戏背景故事

例2：《植物大战僵尸》任务分工

1. 设计新的植物（1种以上）
2. 设计新的僵尸（不一定是僵尸，可以是其他怪物）（1种以上）
3. 设计新的终极BOSS

五、任务布置

1. 完成工作纸《电子游戏的世界》。
2. 按要求完成新游戏的设计，下节课上台给大家讲解和演示。

工作纸：

电子游戏的世界

	游戏1	游戏2
你最喜欢的游戏		
你觉得它吸引你的地方		
如果要你改编这个游戏，你会新增加什么样的角色，什么样的故事背景		

第七章　认识广告

第一节　初识广告

· 教学目标

了解身边的广告，认识广告要素，学做精明消费者。

· 教学建议

时间	主题	内容 / 步骤	材料准备	给教师的建议	备注
5分钟	一、知识回顾	1. 回顾上节课内容 2. 作业分享	PPT		
5分钟	二、主题引入	让学生们想一想：如果我们想向大家宣传一些信息，有很多的途径，你能列举出哪些			
12分钟	三、主要知识	1. 认识广告 （1）什么是广告 （2）家里、上学路上、学校……生活到处都有广告 2. 认识广告的安全 展示几则广告及实际产品的图片，让学生看广告中的产品与实际产品的区别，认识广告常用的招数 点评分享：我们要理智地认识广告，不能盲目相信广告	图片广告		
13分钟	四、教学活动	活动一：报纸广告找一找 1. 分组 2. 老师给每组学生发一份报纸找出广告 3. 每个小组分享所找报纸里最吸引人的一则广告并说出原因 活动二：广告要素找一找 让学生们回顾所找的广告，分享这些广告卖的是什么	不同报纸、剪刀		
5分钟	五、教学总结	1. 总结和巩固该课知识点 2. 布置任务	工作纸		
总计：40分钟					

·教学内容与环节

一、知识回顾

二、主题引入

思考讨论：如果我们想向大众宣传一些信息，有很多的途径，你能列举出哪些?

三、主要知识

（一）认识广告

1. 广告的定义：广告是为了某种特定的需要，通过一定形式的媒体，公开而广泛地向公众传递信息的宣传手段。

2. 家里、上学路上、学校……生活到处都有广告。

思考讨论：请同学们回忆一下，从早上起床到出门上学的路上，都会在什么地方接触到广告?

（二）认识广告的安全——不能盲目相信广告

【活动规则】展示几则广告及实际产品的图片，让学生看广告中的产品与实际产品的区别，认识广告常用的招数。

【活动引出】我们要理智地认识广告，不能盲目相信广告。

【活动材料】广告及实物图片。

四、教学活动

活动一：报纸广告找一找

【活动规则】1. 让学生分组。

2. 老师给每组学生一份报纸，让学生找出报纸上的广告，并进行分享。

3. 每个小组分享所找报纸里最吸引人的一则广告（说出为什么，引出广告词、创意等等）。

4. 请小组代表回答：（1）有多少则广告?

（2）哪个广告最吸引大家?

（3）广告里什么最吸引人?

（4）这些广告有哪些相同的地方?

【活动材料】不同报纸、剪刀。

活动二：广告要素找一找

【活动规则】让学生们回忆所找的广告，分享这些广告卖的是什么？包括名称（卖什么）、主题（突出什么特点或用途）、广告语（让人容易记住）。

五、任务布置

记录身边的广告，完成工作纸《做个精明消费者》。

工作纸：

做个精明消费者

广告无处不在，更影响着我们的消费选择。试在日常接触的广告中，选择一则自己最喜欢的广告，请把广告产品的要素写或画在方框里，并和爸爸妈妈一起评估下列广告对你的影响，在五角星里涂上颜色。（涂满五颗星为最高）

产品名称 主题 广告语	
喜欢产品程度	☆☆☆☆☆
需要产品程度	☆☆☆☆☆
购买产品的能力	☆☆☆☆☆

全家立志——做个精明的消费者

1. 清楚自己的需要。
2. 购买自己所需物品。
3. 不盲目相信广告，不即兴购物。
4. ____________________
5. ____________________

家庭成员的签名：　　　　　　日期：

第二节　我来做广告

· 教学目标

了解广告的分类，体验广告创作。

· 教学建议

时间	主题	内容／步骤	材料准备	给教师的建议	备注
5分钟	一、知识回顾	1. 回顾上节内容 2. 分享上节作业			
3分钟	二、主题引入	展示分析上节课工作纸，分析广告要素			
12分钟	三、主要知识	1. 广告的要素 （1）一种物品或者理念 （2）主题（特点用途等） （3）广告语（容易被人记住，体现主题） 2. 广告的分类 讲解广告分类（以内容分） 与学生们分享公益广告和创意广告	图片广告、视频广告或实物		
15分钟	四、教学活动	活动一：分享广告与创意 活动二：跳蚤市场，卖广告 1. 分组 2. 每一小组为一个摊位，小组成员讨论，为自己摊位销售的“神奇表”或“未来书包”想出一条创意的广告 3. 每一小组卖广告	白纸、彩笔		
5分钟	五、教学总结	1. 总结和巩固该课内容 2. 布置任务			
总计：40分钟					

· 教学内容与环节

一、知识回顾

二、主题引入

展示上节课的工作纸，大家一起来分析其中的广告要素。

三、主要知识

（一）广告的要素

1. 一种物品或者理念

2. 主题（特点）

3. 广告语（容易被人记住，体现主题）

（二）广告的分类（以内容分）

1. 产品广告

2. 品牌广告

3. 观念广告

4. 公益广告：与学生分享公益广告图片

四、教学活动

活动一：分享广告与创意

列举一则广告，说说其创意。

活动二：跳蚤市场，卖广告

【活动规则】1. 学生分组。

2. 每小组为一个摊位，小组成员讨论，为自己摊位销售的“神奇表”或“未来书包”想出一条创意广告。

3. 每小组卖广告。

【活动引出】卖广告的主要要素：名称（卖什么），主题（突出什么特点或用途等）；广告语（让人容易记住）。

【活动材料】白纸、笔。

五、任务布置

施展我们的魔法：把一支普通的铅笔变成一支特别的铅笔或设计展示一个未来书包，做一张平面广告。

第八章　认识电脑和网络

第一节　初识电脑和网络

·教学目标

认识电脑与互联网，学习操作电脑和上网常识。

·教学建议

时间	主题	内容／步骤	材料准备	给教师的建议	备注
5分钟	一、知识回顾	1. 回顾上节课内容 2. 作业分享	PPT		
5分钟	二、主题引入	议一议：你们都用过电脑吗 1. 你觉得最大的电脑有多大 2. 你都用电脑来做什么			
12分钟	三、主要知识	1. 认识电脑——我们是电脑 （1）介绍电脑知识 （2）进行电脑知识问答 点评分享：电脑的组成部件和设备 2. 认识网络的作用 思考：电脑小调查 （1）电脑可以用来做什么 （2）平时你会上网吗 （3）上网时，你通常做些什么呢			
13分钟	四、教学活动	活动一：棠棠的新朋友 观看动画《棠棠的新朋友》 1. 让学生分成两组，每组派给笔和纸 2. 每组讨论并把讨论结果写在纸上 3. 小组代表分享讨论结果，老师总结和指导 活动二：怎样正确操作电脑 1. 老师请几个学生上来演示平时是怎样用电脑的（包括坐姿等） 2. 请同学们说一说正确操作电脑的方法	动画视频材料		
5分钟	五、教学总结	1. 总结和巩固该课内容 2. 任务布置	工作纸		
总计：40分钟					

· 教学内容与环节

一、知识回顾

二、主题引入

议一议：你们都用过电脑吗?

1. 你觉得最大的电脑有多大?

2. 你都用电脑来做什么?

三、主要知识

（一）认识电脑——我们是电脑

1. 全世界第一台电脑ENIAC：诞生于1946年2月14日的美国宾夕法尼亚大学，占地面积达170平方米、重达30吨。

2. 电脑的组成部件：主机（大脑）、显示器（面部）、键盘和鼠标（手和眼）、音响（嘴巴）。

3. 输出设备（显示器、打印机、绘图仪等）和输入设备（键盘、鼠标、扫描仪、摄像机等）。

（二）认识网络的作用

1. 可以开阔视野。上网可以及时了解和获取时事新闻，获取各种最新的知识和信息，对学习和生活都有很好的指导作用。

2. 可以对外交流，促进个性化发展。

3. 网上购物，不用出门就能买到自己想要的东西。

4. 上网听音乐、看影片，不用到电影院去等。

四、教学活动

活动一：棠棠的新朋友

【活动规则】1. 看动画《棠棠的新朋友》。

2. 让学生分成两组，每组派给笔和纸，每组讨论并把讨论结果写在白纸上（写出网络的作用）。

3. 小组派代表分享讨论结果，老师做总结和指导。

【活动材料】动画视频。

【分享点评】电脑和网络的作用。

活动二：你是怎样操作电脑的？

【活动规则】1. 老师请几个学生上来演示平时是怎样用电脑的（包括坐姿等）。

2. 请同学们说说正确操作电脑的方法。

【活动小结】正确的操作方法：

1. 眼睛距离屏幕约40至70公分，视线下倾约10至20度。
2. 在工作一段时间后，应远望一会。使用电脑30分钟让眼睛休息10分钟，快速眨眼几秒钟，促进泪腺分泌，并做伸展运动，甩甩手，动动手指，让全身肌肉放松。
3. 保持坐姿端正，双肩应舒适地放松，上臂要自然垂直，前臂与上臂成80至100度间，腕部与上前臂在同一水平。
4. 使用键盘时，应有适当的靠手。滑鼠不能放置高于键盘平面上操作。
5. 背部要贴近座椅靠背，可加设腰垫减轻脊椎承受的压力。
6. 调整椅子高度至合适位置，大腿与椅面水平，小腿与大腿成90度，脚板接触到地面。
7. 减少暴露在电脑屏幕前的时间，启动屏幕保护装置；并避免坐在屏幕后方，因为该处辐射最强。

五、任务布置

完成工作纸《棠棠的新朋友》。

工作纸：

常常的新朋友

这节课我们看了常常的故事，让我们来想一想下面的问题，并将你的想法填入方格中吧。

一、有人说计算机是人类的好朋友，想想看，计算机这个好朋友可以帮你做哪些事。

☐ 查资料

☐ 打报告

☐ 收、发电子邮件

☐ ______________________________（试试看，想出其他的答案）

二、如果你和常常一样，要和计算机交朋友了，那么使用计算机时应该注意什么呢?

三、如果常常一直使用计算机，没有休息，请你想想看，常常的身体会怎样呢?

四、互联网是个神奇的宝库，让我们知道很多事情，快让你的新朋友帮助你回答以下问题吧。

1. 2011年12月23日的天气是____。
2. 1773年12月16日在美国波士顿发生了一件什么事情呢?

   ____。
3. 世界上第一台电脑在什么地方诞生呢? ______________________________。

第二节 我要安全上网

· 教学目标

学习网络安全知识，学会合理安排上网时间。

· 教学建议

时间	主题	内容／步骤	材料准备	给教师的建议	备注
5分钟	一、知识回顾	1. 回顾上节课内容 2. 作业分享	PPT		
5分钟	二、主题引入	故事：《潘多拉的盒子》 引出：认识网络安全			
10分钟	三、主要知识	1. 认识网络病毒； 2. 如何安全使用网络； 3. 合理安排时间计划。		结合教学活动进行	
15分钟	四、教学活动	活动一：电脑病毒趴趴走、网路如虎口 目的：认识网络安全 1. 观看动画《电脑病毒趴趴走》、《网路如虎口，行人当心走》 2. 每看完一则动画，回答相关问题 点评分享：如何安全使用网络 活动二：小杰的快乐暑假 1. 观看动画《小杰的快乐暑假》 2. 诊断小杰的病情 3. 讨论：要怎样解决小杰的问题	动画视频、材料、PPT		
5分钟	五、教学总结	1. 总结和巩固该课内容 2. 任务布置	小测验 工作纸		
总计：40分钟					

· 教学内容与环节

一、知识回顾

二、主题导入

故事：《潘多拉的盒子》

【主题引入】

潘多拉的盒子源自于希腊神话，是宙斯送给潘多拉的一个神秘盒子。宙斯让潘多拉不可以打开，但是潘多拉在好奇心的诱惑下，还是偷偷地打开了盒子。这时，盒子里装的所有好的、不好的事物全部跑了出来，让原本宁静的世界发生了变化。世界里有甜蜜、幸福，也有疾病、祸害等，原来没有动乱的世界也开始动荡不安起来。潘多拉在慌乱中赶紧盖住盒子，结果盒子里只剩“希望”没被飞出去。因此，即使人类不断地受苦受难，生活中遭遇种种挫折和磨难，但心里依然充满了希望。

【主题引出】网络就像潘多拉的盒子，充满好与坏的东西。

我们就像潘多拉，对网络充满好奇。那么网络上有哪些好和坏的东西？

三、主要知识

1. 认识网络病毒；
2. 如何安全使用网络；
3. 合理安排时间计划。

四、教学活动

活动一：电脑病毒趴趴走、网路如虎口

【活动目的】认识网络安全

【活动规则】1. 观看动画《电脑病毒趴趴走》、《网路如虎口，行人当心走》。

2. 每看完一则动画，回答相关问题。

（1）乱填个人资料会有什么危害？

（2）网上有哪些不良信息？

（3）怎样避免网上的不良信息？

【活动小结】什么是电脑病毒？

如何安全使用网络：

1. 要控制自己使用网络的时间。在不影响自己正常生活、学习的情况下使用网络，保护自己的健康。
2. 在网上，不要随意填写或给出能确定身份的信息，包括：家庭地址、学校名称、家庭电话号码、密码、父母身份、家庭经济状况等信息。如需必要，一定要征询父母或好朋友的意见。

3. 不要自己单独去与网上认识的朋友会面。
4. 当你单独在家时，不要允许网上认识的朋友来访问你。
5. 如果确实需要见面，一定要事先告诉爸妈或者长辈，在他们的陪同下去见面；见面地点应该选择在人多的公共场所，遇到危险立即大声求救。
6. 未经过父母的同意，不向网上发送自己和家人的照片和视频。
7. 要知道网络上公布的信息是匿名的，随时可以更改，所以你读到时，可能不都是真的，要学会分辨网络上信息的真假。

活动二：小杰的快乐暑假

【活动规则】1. 观看动画《小杰的快乐暑假》。

2. 诊断小杰的病情——（1）视力变差；（2）每天很晚睡，健康出现问题；（3）情绪急躁，和妈妈吵架；（4）不想学习，没做功课——网络沉迷。

3. 想一想：（1）小杰可以玩电脑游戏吗?

（2）玩电脑游戏有什么好处?

（3）玩电脑游戏有什么坏处?

4. 讨论：要怎样解决小杰的以下问题?

（1）视力变差

（2）健康出现问题

（3）和妈妈吵架

（4）没做功课

【活动小结】1. 网络沉迷是指有些人对网络的痴迷和依赖，网络沉迷虽然不是一种身体上的病，但它也会影响我们的生活、学习。

2. 我们要怎样防止电脑和网络上瘾?

五、任务布置

1. 完成小测验：网络IQ大考验。
2. 完成工作纸《网络安全新闻摘录》，下节课与大家一起分享。

小测验：

网络IQ大考验

题目	会	不会
1. 我能够将喜欢的网站设在我的最爱里		
2. 我能够有效地利用网络找到我所要的资料		
3. 我会对网络上的资料保持怀疑态度，不轻易相信网络上的信息。		
4. 我会利用百度或谷歌等搜索引擎寻找资料。		
5. 对于网络上的资料有疑问时，我会通过其他渠道来求证。		
6. 我能在网络上输入正确的网址，并连接到正确的网页。		
7. 如果我在网络上看到汽水被下毒药的消息，我会尽快传给我的朋友，避免他们受害。		
8. 如果网络上有人和我意见不合，我不会生气，如果他说一些不好听的话，我也不会理他。		
9. 无论在家里或其他地方，我会遵守网络使用的规定。		
10. 如果网络上有人骂我或嘲笑我，我会骂回去，反正也没人知道我是谁。		
11. 如果我不喜欢某个老师或同学，我可以把他的照片下载，贴在网络上开个玩笑。		
12. 看到网络上的明星八卦真精彩，赶快传给同学好好笑一下。		
13. 为了避免垃圾广告信件到处流传，我不会随便把朋友的e-mail给别人。		
14. 我发现一个好玩的网络游戏，档案很大下载很花时间，但不管三七二十一，还是传给我所有的朋友，以免他们说我不够朋友。		
15. 如果在网络上遇到一个人，他说和我一样大，并住在我家附近，那应该是真的，我可以相信他，我会告诉他我的电话和名字，并相约见面。		
16. 在网络上留下我的个人资料，如姓名、家里电话、住址等，没有什么关系。		
17. 为了参加网站上的赠奖活动，我必须将我真实的个人资料填上去，这样他们才能联络到我。		
18. 就算同学求我，我也不会将自己的帐号和密码借给别人使用。		
19. 因为网络上没有人知道我的真实身份，有时候我就假造一个名字和身份，这样挺有趣的。		
20. 我不会顺便打开陌生人寄给我的信件或在网络上下载资料，以免中毒。		
21. 我常上网注册成为网站的会员，以取得免费的e-mail账号。		

注：以上表格内容改编自许怡安，《儿童网络使用与网络素养之研究》，2001。

请小朋友选择好后，跟爸妈一起对照以下的要求看看自己的网络智慧有多高。

网络IQ大考验，是测试小朋友在“评估网络资料”、“网络礼仪”、“网络隐私与安全”等三大方面的素养能力，每一类问题都有7题测试题。

题项	网络素养能力类别
第1—7题	“评估网络资料”类能力测验
第8—14题	“网络礼仪”类能力测验
第15—21题	“网络隐私与安全”类能力测验

正确答案为“对”的有：第1、2、3、4、5、6、7、8、9、13、19、20题；
正确答案为“不对”的有：第10、11、12、14、15、16、17、18、21题。

请爸爸妈妈协助小朋友计算一下自己的得分，答对一题算一分，答错没分。这个分数计算出来后，爸爸妈妈和小朋友一起评估，如果任一类得分都在5分以上，表示小朋友的网络素养能力值得嘉奖；如果你有任一类能力得分低于5分以下，则表示小朋友必须强化这类网络素养能力的培养。

工作纸：

网络安全新闻摘录

摘录两则关于网络安全的新闻报道，可以是最近的新闻，也可以是以前的新闻。试比较它们与报纸上的新闻有什么不同。

新闻一：

新闻二：

第九章　认识手机和微博

第一节　认识手机

· 教学目标

了解手机作为媒介的知识，学会辨别手机信息的真伪。

· 教学建议

时间	主题	内容／步骤	材料准备	给教师的建议	备注
5分钟	一、知识回顾	1. 回顾上节课内容 2. 作业分享	PPT		
5分钟	二、主题引入	辨一辨：哪一些是新媒介，哪一些是旧媒介 思考：分辨新旧媒体的依据是什么，新媒体有什么优势	几个新旧媒体的图片、不同时代的手机图片		
10分钟	三、主要知识	1. 认识手机的功能和优势 提供不同手机的图片 思考讨论： （1）手机的功能有哪些 （2）老师根据学生总结手机的功能，引出手机的优势 2. 使用手机时要注意 （1）手机辐射 （2）使用时长 （3）短信诈骗			
15分钟	四、教学活动	活动：刘大叔的手机短信 引出： 1. 常见手机短信诈骗 （1）中奖陷阱 （2）通知家属机主发生意外 （3）假手机换真手机 （4）回复莫名短信，被强制每月扣除服务费 2. 如何辨别短信内容的真伪 三看一回一核实			
5分钟	五、教学总结	1. 回顾和巩固该课的知识点 2. 任务布置			
总计：40分钟					

· 教学内容与环节

一、知识回顾

二、主题引入

辨一辨：哪一些是新媒介，哪一些是旧媒介

【活动背景】新媒体是新的技术支撑体系下出现的媒体形态，如数字杂志、数字报纸、数字广播、手机短信、移动电视、数字电影、触摸媒体等。相对于报刊、广播、电视、计算机互联网四大媒体，新媒体被形象地称为“第五媒体”。

【活动规则】1. 先跟学生解释一下新媒体的概念。

2. 然后展示各种媒体的图片，让学生以小组为单位，分辨出哪些是新媒体、哪些是旧媒体。

3. 思考：分辨新旧媒体的依据是什么？新媒体有什么优势？

【活动材料】准备手提电脑、老式电视、收音机、报纸、网络、台式电脑、iPad、老式电话和智能手机等图片。

三、主要知识

（一）认识手机的功能和优势

【活动规则】提供不同手机的图片

思考讨论：1. 手机的功能有哪些？（要求学生按照手机的逐渐发展而增加的功能来说）

2. 老师根据学生总结手机的功能，引出手机的优势。

3. 手机具有这么多的优势，可是，使用它的时候也要注意一些事项，它们有哪些呢？

【活动材料】

【活动小结】手机能打电话、发短信、拍摄、上网……未来手机将越来越便捷，将有与台式电脑一样齐全的功能。

【活动引出】手机具有这么多的优势，可是，使用它的时候要注意手机辐射等。

（二）使用手机时要注意

1. 手机辐射

2. 使用时长

3. 短信诈骗：发短信通知你电话欠费、透支消费、中奖、熟人借款、亲人发生意外要汇款等。

（三）如何辨别短信内容的真伪（三看一回一核实）

1. 看消息来源；

2. 看联系方式；

3. 看信息内容；

4. 回电话辨别真伪；

5. 打相关客服电话核实，或是借用媒介查看相关的消息来核实。

四、教学活动

活动：刘大叔的手机短信

【活动资料】

1. 短信1：恭喜你，你的手机号在抽奖活动中得了大奖，奖金20万现金，请拔打13656789020电话与工作人员联系。——短信发自：13656789020
2. 短信2：你好，你的朋友诸葛梁为你点了一首歌，请拔打13343566944收听。——短信来自：13343566944
3. 短信3：尊敬的VIP会员：您好，天河百货店周年庆典，中国移动用户凭短信消费7.5折，活动时间2013年4月22—23日。——短信来自：10086
4. 短信4：您尾号6789的信用卡账户2012年11月13日14时19分消费支出人民币1000.00元，还款日期截至12月13日。[建设银行]——短信来自：95533
5. 短信5：你的女儿因为车祸，正在广州医院等着进行急救，急需3万元的手术费，请及时汇款到6222300078959905账号。——短信发自：13678559000

【活动小结】认识常见的手机短信欺诈：

1. 中奖陷阱
2. 通知家属机主发生意外
3. 假手机换真手机
4. 回复莫名短信，被强制每月扣除服务费

五、任务布置

设计一个你心目中的未来手机，画下来并在图上标注手机的功能和特色。

第二节　认识微博

· 教学目标

了解微博知识，学习辨别微博信息的真伪。

· 教学建议

时间	主题	内容／步骤	材料准备	给教师的建议	备注
5分钟	一、知识回顾	1. 回顾上节课内容 2. 作业分享	PPT		
5分钟	二、主题引入	播放并分析网络上被人恶搞的照片	图片材料		
12分钟	三、主要知识	认识和了解微博： 1. 认识微博 2. 微博上，你安全么 在微博上，不要透露真实的个人信息。你的信息一旦放上微博，所有人都有机会看到。包括自己和朋友的资料、照片 3. 学会分辨微博里的真假信息 微博上充斥着各种信息，有真有假 好好运用我们的大脑，认真考虑一下，哪些信息是可信的 利用不同的媒介去查证信息，也是不错的方法哦			
13分钟	四、教学活动	游戏：炮轰信息古堡 1. 介绍游戏规则 2. 让学生在玩游戏中，巩固如何辨别信息真伪的方法			
5分钟	五、教学总结	1. 回顾和巩固该课的知识点 2. 任务布置			
总计：40分钟					

· 教学内容与环节

一、知识回顾

二、主题引入

播放网络上被人恶搞的照片。

三、知识要点

认识和了解微博

1. 微博是一个基于用户关系的信息分享、传播以及获取的平台。

最早也是最著名的微博是美国twitter。2009年8月，中国门户网站新浪推出“新浪微博”内测版，成为门户网站中第一家提供微博服务的网站，微博正式进入中文上网主流人群视野。2011年10月，中国微博用户总数达到2.498亿，成为世界第一微博大国。

2. 微博上，你安全么?

在使用微博时，不要过多透露个人真实的信息。因为个人信息一旦放上微博，所有人都有机会看到。有些人会利用这些信息去进行一些不法的行为，威胁着大家的人身安全及财产安全。所以，不要随便把你或朋友的照片发上微博。这是对你自己还有朋友个人隐私及尊严的保护。也不要在微博上对他人进行语言攻击、盲目跟从转发、传播谣言等。

个人资料，是我们珍贵的宝藏。在微博等公开的网络平台上，我们要学会保护以下主要信息：学校班级、姓名、年龄、出生年月、手机号、电子邮箱、家庭住址、证件号码等，并要选择知名度高、信誉好的网站，以免信息外泄。同时，为了更好地规范大家文明使用微博的行为，从2012年3月16日起，新浪、腾讯、搜狐、网易四大门户网站的微博实行前台自愿（昵称自定）、后台实名注册的微博实名制。

3. 学会分辨微博上的真假信息

微博上充斥着各种信息，有真有假。好好运用我们的大脑，认真考虑一下，哪些信息是可信的。利用不同的媒介去查证信息，也是不错的方法哦！

四、教学活动

活动：炮轰信息古堡

【活动规则】请同学们辨别老师提供的信息真伪，并用炮弹投掷信息古堡。（在黑板上展示一个真信息堡垒，假信息要塞）

【活动要求】让学生在轰炸信息古堡的同时，巩固如何辨别信息真伪的知识点。

五、任务布置

回顾和复习，准备期末的知识大比拼。

第二单元　媒介体验活动

第一章　活动目标

让学生在参观各个媒介部门中体会媒介的制作、生产、发布流程，使课堂上学到的媒介知识立体化，激发学生对媒介素养课程的兴趣，开阔视野，深入了解体验真实的媒介工作环境及运作模式，为下一步媒介技能的学习奠定良好的基础。

第二章　活动准备

一、物品准备

准备带齐物品，包括笔记本、笔、水、相机、队旗、小组号牌、外用急救备用药品等。

二、知识准备

1. 提前了解参观场地的情况及活动安排的顺序，为参观交流做准备。

2. 仔细观察媒体单位工作环境，了解各部门分工以及运作程序，认识媒体的工作特点。

3. 了解小组行进的次序和站点的位置。

第三章　注意事项

外出进行媒介体验活动时，学生应注意以下事项：

一、仪表及着装

1. 面对他人以真诚的微笑主动示意。

2. 活动期间统一着装，要整洁大方，可穿小记者马甲或校服、佩戴红领巾等。

二、遵守纪律秩序

1. 准时参加活动，不迟到、不早退、不无故缺席。如需请假，应及时向老师汇报。

2. 活动期间保持与指导老师的沟通联系，遇到问题应及时向老师请示报告。

3. 活动期间，不得随意嬉戏玩耍。小休或活动间隙，不得闲逛或擅自离开活动区域。

4. 严禁携带安保规定的违禁品或为他人夹带不明物品进入活动场所。

5. 与指导老师、工作人员、志愿者和其他伙伴等要互相尊重、互相关心。

6. 对交流对象要保持尊重、平等、热情的态度，不因其民族、地域、文化习俗与宗教信仰而产生差异，做到一视同仁。

7. 在交流过程中遇到误解、无理要求或不公正待遇时，应保持冷静和克制，合理应对，并及时向指导老师、相关负责人和部门反映。

8. 遵守并维护场所秩序，将通信工具调至静音状态，不大声喧哗或交头接耳。

9. 活动结束后，应随手带走纸杯、水瓶、纸屑等物品，将椅子归放原处，保持现场整洁。

三、注意文明用语

1. 使用礼貌用语，如“您好、谢谢、请……”对接受我们的询问、耐心回答我们问题的工作人员要表达感谢。

2. 遇到体验单位的工作人员向我们提问时，要主动回答，遇到不知道答案的问题，可以及时向指导老师反映。

四、爱护公共设施及物资

1. 爱护公共设施和办公设备，合理操作使用，避免造成人为损坏。

2. 爱护环境，禁止随地吐痰、乱扔垃圾和乱涂乱画，废弃物要分类投放至垃圾箱。

3. 节约使用用品及相关物质，节约用水、用电，不铺张浪费。

第四章　活动设计

第一节　广播之旅

一、走进人民广播电台

1. 场馆简介：广州人民广播电台。

2. 活动目标：

（1）了解广播新闻的特点；

（2）了解广播节目的类型。

3. 活动流程：

（1）复习回顾广播知识；

（2）进入广播电台参观电台直播间；

（3）采访电台主持人及交流分享主播技巧；

（4）邀请学生代表向体验单位赠送纪念品（由体验单位领导受领）；

（5）合影留念；

（6）写体验感受和小结。

二、走进电台博物馆

1. 场馆简介：广州电台博物馆。

2. 活动目标：

（1）了解广播的发展历史；

（2）了解不同时期的广播设备及技术。

3. 活动流程：

（1）参观电台博物馆展馆；

（2）聆听电台博物馆工作人员讲解；

（3）采访电台博物馆工作人员及交流；

（4）邀请学生代表向体验单位赠送纪念品（由体验单位领导受领）；

（5）合影留念；

（6）写体验感受和小结。

第二节　报刊之旅

一、走进新闻印务中心

1. 场馆简介：广州日报印务中心。
2. 活动目标：

（1）了解报纸的印刷设备；

（2）了解报纸的印刷流程。

3. 活动流程：

（1）复习报纸相关知识；

（2）参观广州日报印务中心；

（3）与广州日报印务中心工作人员交流；

（4）邀请学生代表向体验单位赠送纪念品（由参与座谈的单位领导受领）；

（5）合影留念；

（6）写体验感受和小结。

二、走进报刊发行站

1. 场馆简介：走进报刊发行公司和发行站。
2. 活动目标：

（1）掌握一定的推销能力和语言表达能力；

（2）了解报纸的特点及如何进行推销；

（3）尝试当一名小小发行员，体验报刊的销售过程。

3. 活动准备：活动当天的报刊。
4. 活动流程：

（1）邀请报刊发行部的工作人员为学生进行培训；

（2）分组在限定范围和时间内进行报刊售卖；

（3）统计销售数量及金额，比较哪一组成绩最好；

（4）进行经验分享；

（5）邀请学生代表向体验单位赠送纪念品（由体验单位领导受领）；

（6）合影留念。

第三节　影视之旅

走进电视台

1. 场馆简介：电视台。
2. 活动目标：

（1）了解电视节目的制作；

（2）了解电视节目的种类及特点。

3. 活动流程：

（1）回顾电视的相关知识；

（2）参观摄影棚及编辑室；

（3）采访工作人员及交流；

（4）邀请学生代表向体验单位赠送纪念品（由体验单位单位领导受领）；

（5）合影留念；

（6）写体验感受和小结。

第四节　卡通达人之旅

走进动漫设计室

1. 场馆简介：动漫设计工作室。
2. 活动目标：培养艺术审美，提高创意表达能力。
3. 活动流程：

（1）参观动漫设计工作室及卡通动画设计师的工作环境；

（2）了解电脑动漫设计的基本知识，尝试进行卡通人物作品创作；

（3）分享作品，交流心得体会。

第五节　广告之旅

走进广告公司

1. 场馆简介：广告公司。
2. 活动目标：培养创新能力。
3. 活动流程：

（1）参观广告工作室，并与工作人员交流；

（2）听工作人员举例介绍创作一条广告的过程或者如何开展宣传活动；

（3）邀请学生代表向体验单位赠送纪念品（由体验单位领导受领）；

（4）合影留念；

（5）激发创新欲望，提出五个以上的奇思妙想或一个创意构思。

第五章　活动总结及评价

社会实践活动注重学生的学习过程，关注学生在媒介体验学习过程中的体验与反思，关注学生发现问题、解决问题的实际能力。因而，对社会实践活动的评价就不能像学科那样按照考试成绩进行量化评价、只看学生的学习结果，不能仅仅关注他们学到了哪些媒介知识，还要对他们的参与情况、报告书和作品、发表的观点和讨论的参与度等进行评价。

对活动的总结及评价主要有以下方法。

一、记录法

记录法是把实践活动中的重要内容，用短文的形式保留下来的方法。其具体内容如下图所示：

姓名：	年级：	时间：
观察者：	地点：	活动主题：
主要活动内容：		

二、会谈法

会谈法是指通过交谈形式获取知识和感受，并把访谈内容记录下来。这种方法可以让学生收集到许多有用的信息，如媒介知识、体验和对事物的理解等。

姓名：	年级：	时间：	地点：
活动名称：			
访谈记录（以对话的形式）：			

下篇

媒介技能与实践

3

教学目标：掌握各种媒介使用的技能，培养观察社会、独立思考、通过媒介进行表达的能力。

第一单元　媒介基本技能

第一章　我当小记者

第一节　做一名合格的小记者

· 教学目标

建立团队，初识小记者礼仪。

· 教学建议

时间	主题	内容／步骤	材料准备	给教师的建议	备注
5分钟	一、团队建立	1. 破冰游戏：互相认识——抛公仔 2. 建立课堂规范			
8分钟	二、主题引入	1. 观看视频：《小记者采访全攻略》 2. 思考问题 （1）记者要做什么 （2）怎样的记者才算合格	视频材料：《小记者采访全攻略》		
7分钟	三、主要知识	1. 小记者的主要任务： 采写新闻。要很好地传递信息，用事实说话，敏锐观察身边发生的事物，及时记录并写出感受 也可通过反映情况、社会调查、体验生活等方式记录经历、传递信息、反映生活 2. 做个有礼有节的小记者 （1）小记者的礼仪 （2）小记者的不良表现			
15分钟	四、教学活动	活动：小记者剧场——小记者采访礼仪 1. 老师示范记者采访情景 2. 如果你当小记者…… （1）学生两两搭档，互相采访 （2）邀请上台示范，台下点评	小记者证、笔记本、笔	1. 注意采访小礼仪，提问时请先做自我介绍等 2. 回顾自我介绍的技巧：多用礼貌用语	
5分钟	五、教学总结	1. 回顾和巩固本节课的知识点 2. 布置作业	工作纸1、2		
总计：40分钟					

· 教学内容与环节

一、团队建立

（一）破冰游戏：互相认识——抛公仔

【游戏规则】

1. 分小组比赛，看哪个小组最快完成。
2. 要求小组内所有学生围成一个圆圈，由其中一人开始，叫出对面同学的名字并将手中的公仔抛给对方，对方接住随即叫出另外一位同学的名字并将公仔抛给他……依次类推直到所有学生都接过公仔并介绍完自己为止。

【点评分享】大家的名字都记住了吗?

1. 活动过程中大家表现怎样？团结吗？友爱吗？礼貌吗？合作得如何？行动迅速吗？你认为还有哪些表现得好的或不足的地方呢？
2. 分享：我们要团结、友爱、相互合作，建立一个高效、坚实的团队。全部学生集体围成一个圆圈，重新完成一次，加强整个班级团队的团结精神。

（二）课堂规则

1. 我们互相问好；2. 我们准时上课；3. 我们上课时保持安静，遵守课堂纪律；4. 我们回答问题之前要先举手；5. 我们按时完成作业；6. 我们要保持课室的卫生（不带零食饮料进课室）。

二、主题引入

1. 观看视频：《小记者采访全攻略》。
2. 思考问题：（1）记者要做什么?
   （2）怎样的记者才算合格？（记者要具备的素养）

三、主要知识

（一）小记者的主要任务

采写新闻：要很好地传递信息，用事实说话，敏锐观察身边发生的事情，及时予以记录并写出感受。

反映情况：表达自己的意见，反映广大小朋友的心声。

社会调查：可对学校、社会生活中热点、焦点现象进行调查采访，得出建议与看法，可向有关部门反映。

体验生活：做一个小小社会活动家，在寻找新闻线索、采访新闻时的工作任务中，发现和体验生活。

（二）做个有礼有节的小记者

1. 小记者的礼仪：

衣着干净、整洁

仪态得体、大方

语言自然、恰当

态度谦虚、诚恳

（注意采访小礼仪，提问时请先做自我介绍：阿姨／叔叔，您好，我是成长小记者×××，我想请问……；同时注意做好笔记）

2. 小记者的不良表现：

低头低脑

衣冠不整

瘫坐椅子上

翘起二郎腿

怒气冲冲等

四、教学活动

活动：小记者剧场——小记者礼仪

【活动规则】

1. 示范记者采访情景（扮演时做出一些错误的小细节，例如，采访语言不礼貌、记者形象不好等，让同学们指出正确或错误的地方）。

2. 如果你当小记者……

（1）两两搭档，轮流担任小记者采访对方。

采访主题：最近让你印象最深刻的一件事（如游玩、路上发现的新闻）。

（2）邀请学生上台示范采访情景，请台下小记者点评（包括做得好与不足的地方，再说说应该怎样做或改进）。

五、作业布置

请你采访身边一个人，把他／她最近发生的一件新鲜事写下来，注意事件要包括：时间、地点、人物、事情。下节课邀请学生上台展示自己写的新闻播报。

以后每节课前5分钟作为《红领巾播报台》展示时间（教师可根据课程安排进行调整）。

工作纸1：

小记者游踪

请你当一回小记者，访问一下爸爸妈妈、亲戚朋友或者邻居，了解他们工作的特性和面对的困难，要注意遵守新闻记者守则哦！

请将你采访所得的资料记录在工作纸中。

“小小新闻记者守则”要点

我请爸爸妈妈来监督：

1. 报道正确，不会误导公众。
2. 如果报道失实，则应及早更正，并刊登道歉启事。
3. 处理暴力、性罪行、自杀等新闻时，表象不应淫亵、不雅或煽情。
4. 应尊重个人名誉和私隐，尤其是儿童的私隐。
5. 应避免利益冲突，不受个人、机构、经济、政治或其他利益关系所影响。
6. 应消除没新闻价值的审查。
7. 应以正当手段取得消息、图片及插图。
8. 应取消带歧视的报道。
9. 不应带入记者自己的个人意见。
10. 应保护消息来源。
11. 以公众利益为前提，维持新闻自由。

家长签名：________________

工作纸2：

我的采访记录

年　月　日

被访者资料：

姓名：　　　　年龄：　　　　性别：

职业：

工作年期：

采访提纲：

您的工作是做什么的？环境怎样？

工作上最难忘的经历是什么？

我的其他问题：

我的访后感：

第二节　大方自信我能行

· 教学目标

学习记者采访的基本功，主动大胆地与人交往和表达。

· 教学建议

时间	主题	内容／步骤	材料准备	给教师的建议	备注
5分钟	一、知识回顾	1. 红领巾播报 2. 回顾上节课内容	PPT		
5分钟	二、主题引入	活动：热身破冰——千姿百态 在游戏过程中，你有什么感觉或者想法? 分享点评：（考察创意思维）发挥自己的创意，能做出不同创意动作的人	DISCO音乐	小组每个队员轮流上台有创意地展示自己，尽量让更多人能立刻记住自己	
12分钟	三、主要知识	1. 认识口拙的四大“魔鬼” （1）含羞草的故事 （2）口拙的表现 2. 如何消灭口拙 （1）消灭口拙的小技巧。 （2）优秀表现： ①声音洪亮 ②恭敬谦虚 ③简明扼要 ④落落大方	《含羞草的故事》		
13分钟	四、教学活动	活动：小小播报员 让学生合作播报《“雷锋”来我家18年》 分享点评： 1. 播报时有无口拙 2. 利用什么方法克服			
5分钟	五、教学总结	1. 总结和巩固本节课的知识点 2. 作业布置			
总计：40分钟					

· 教学内容与环节

一、红领巾播报、知识回顾

二、主题引入

活动：热身破冰——千姿百态

【活动规则】

以舞台两边为起点和终点围成一个半圆，在DISCO音乐的伴奏下，每个学员按顺时针顺序一个接一个经过舞台，并做出一个最能代表自己个性的动作，任何动作不可和之前表演过的动作重复；如果重复，请重新表演。

· 在游戏过程中，你有什么感觉或者想法?

【分享点评】发挥自己的创意，能做出不同创意动作的人（考察创意思维）：

1. 是喜欢尝试的人
2. 是反应敏捷、适应力强的人
3. 是勇于挑战困难并战胜困难的人

三、主要知识

（一）认识口拙的四大“魔鬼”

1. 含羞草的故事

据说，最早的时候，含羞草并不叫含羞草，而是叫得意草。它为什么这样得意呢? 因为它觉得自己叶子青翠，花儿淡雅，是世界上最美的花。

主人觉得它太得意了，就想了一个主意，把它和月季、荷花、菊花、梅花放在一起，对比起那些美丽的花，含羞草觉得很羞愧。

看到含羞草的这种神情，主人碰碰它说：“你还得意吗? ”含羞草把叶子收了起来，弯下身子说：“不，跟别的花相比，我太惭愧了。”

从此，人们一碰得意草，它就羞愧地收起叶子，低下自己的头。

2. 口拙的表现

（1）与不熟悉的人在一起时，会感到紧张，心跳加速。

（2）与陌生人见面，会脸红，不知道怎样可以表现得自然一些。

（3）与一大堆人在一起时，找不出适当的话题来谈，说话结结巴巴。

（4）直视别人的眼睛，对我来说是很困难的，因此别人觉得我不自信。

（二）如何消灭口拙

1. 消灭口拙的小技巧

在说话时，一定要注意以下几点：

（1）事先做好充分准备，熟悉稿件内容，信心自然会增强。

（2）镜子练习法：对着镜子，练习说话时自然的表情及动作。

（3）调整呼吸，放松肌肉，可以试着握紧拳头再放开，如此重复多次。

（4）在日常生活中，例如购物的时候，学习试着跟陌生人短暂地交谈。

（5）跟别人说话时，看着他的鼻子。

（6）演讲时向前平视。

2. 优秀表现：

（1）声音洪亮

（2）恭敬谦虚

（3）简明扼要

（4）落落大方

四、教学活动

活动：小小播报员——《“雷锋”来我家18年》

【分享点评】

1. 播报时是否紧张?

2. 利用什么方法克服?

【活动材料】

“雷锋”来我家18年

山东省平度县实验小学有个学雷锋小组，坚持18年，为一个盲人五保户姚奶奶服务。他们一届届相传，为奶奶挑水、扫地、读报、陪着她到电影院听电影，和她一起过节。

当年的学雷锋小组组长张亚非，在学习中发现姚奶奶患的是白内障，不是不治之症。于是她在周末，带姚奶奶到医院治好了眼病。姚奶奶几十年希望重见天日的心愿终于实现了！在姚奶奶出院那天，同学们还特地到医院接她。一路上，同学们不停地为她介绍：“奶奶，这是百货大厦！”“奶奶，这是电影院！”“奶奶，这是公园！”

红领巾为姚奶奶服务18年，张亚非为姚奶奶治好白内障，这消息一下子传遍了平度县。

人们都称赞：“多好的红领巾啊！”

五、作业布置

请在报刊里找一篇自己喜欢的新闻报道，下节课进行播报。

第二章　我当小主编

第一节　我当小主编

· 教学目标

认识新闻的分类、新闻版面的顺序、新闻的功能及优质新闻的要素。

· 教学建议

时间	主题	内容／步骤	材料准备	给教师的建议	备注
5分钟	一、知识回顾	1. 红领巾播报 2. 知识回顾	PPT		
8分钟	二、主题引入	活动：热身破冰——放开双眼 思考讨论： 1. 你对哪些新闻报道最感兴趣 2. 你知道这些新闻分别属于什么类型吗	当日的新闻报纸		
10分钟	三、主要知识	1. 新闻的分类 按内容可分为：国内新闻、国际新闻、本地新闻、地市新闻、民生新闻、天气新闻、经济新闻、社会新闻、娱乐新闻、体育新闻、科技新闻、教育新闻等 2. 新闻版面顺序 重要新闻稿件会放在第一版新闻版，其他稿件放在第二、三、四版副刊版，在副刊中应把较重要的放在第三版 3. 新闻的功能 （1）向受众介绍社会及国际发生的大事 （2）新闻机构操控发放社会消息的权利，要避免报道太主观或偏重低俗、对公众利益有损的消息 4. 新闻的四大禁忌：八卦、色情、暴力、迷信		结合当天的报纸进行实物讲解	
12分钟	四、教学活动	活动一：我心目中的“优质新闻” 你认为“优质新闻”应具备哪些条件？请在工作纸中打“√” 点评分享：优质新闻的要素 活动二：我当小主编 大家都来体验做新闻小主编，从报刊中选取一些自己喜爱的优质新闻动手DIY剪贴成一份报刊	工作纸1 工作纸2		
5分钟	五、教学总结	1. 总结和巩固本节课的知识点 2. 作业布置			
总计：40分钟					

· 教学内容与环节

一、知识回顾

二、主题引入

活动：热身破冰——放开双眼

【活动规则】各组获发一份报刊，从中挑选自己最喜欢的新闻，或想想最近有哪些让自己印象深刻的新闻。

思考讨论：

1. 你印象最深刻的新闻报道是什么?

2. 你知道这些新闻分别属于什么类型吗?（例如：本地新闻、国际、娱乐、体育等）

【活动小结】

1. 我们可借助新闻资讯建立与外界的联系，并知道当前发生的事情；

2. 我们不仅要留意本地新闻，同时若能放眼世界，知道其他国家的状况，就会发现更多事情及道理，从而更关心社会，学会珍惜和关怀他人。

三、主要知识

（一）报刊新闻的分类（按内容分）

国内新闻、国际新闻、本地新闻、地市新闻、民生新闻、天气新闻、经济新闻、社会新闻、娱乐新闻、体育新闻、科技新闻、教育新闻等。

（二）新闻的版面顺序

按照版面的次序，一般奇数的版面相对较强，偶数的版面相对较弱。例如，第一版最强，第三版次强，第二版中常，第四版较弱。因此，重要新闻稿件会放在第一版新闻版，其他稿件放在第二、三、四版副刊版，在副刊中应把较重要的放在第三版。

（三）新闻的功能

1. 向受众介绍社会及国际发生的大事。

2. 新闻机构中，由前线记者、采访主管到编辑，每天都按着一些原则，如新闻价值、对公众的影响、公众口味等，选择发放新闻消息或资料。因此，新闻机构操控着发放社会消息的权利，要注意避免报道太主观或偏重低俗、跟公众利益关系不大的消息。

（四）新闻的四大禁忌

八卦、色情、暴力、迷信

四、教学活动

活动一：我心目中的“优质新闻”

你认为“优质新闻”应具备哪些条件？请在工作纸1中打“√”。

【点评分享】优质新闻的要素：

消息准确——新闻内容要准确、不可含糊，避免用“若”、“好像”等词语。

消息新鲜——要在最短时间内把事物公告于众。

事件相关——新闻标题用字要清晰、切题。

客观中肯——客观报道，避免把个人揣测、偏见加入其中。

修辞精辟——新闻用字要精炼，容易明白，报道尽量避免用口头语或地方方言。

资料清晰——新闻消息所交代的资料要清晰，附带的背景资料也要列明来源。

资料正确——新闻消息要有事实根据，方便验证资料真伪。

活动二：我当小主编

大家都来体验做新闻小主编，从报刊中选取一些自己喜爱的优质新闻，小组动手DIY剪贴成一份报刊。

【活动目的】学会筛选优质新闻。

【活动要求】新闻消息内容要新，叙述的是事实，具备优质新闻的元素。

五、作业布置

平时在阅读报刊时，常常会发现许多自己感兴趣的内容。自己当一回小主编，选取新闻消息或资料DIY制作一份家庭剪报。

工作纸1：

优质新闻元素

由于近年有不少夸张失实的新闻消息，让我们的媒介生态环境没以前健康了。请同学们在“○”里打“√”标出你心目中“优质新闻”要具备的条件，其他的打“×”。

1. 消息准确	○
2. 消息新鲜	○
3. 用词难以理解	○
4. 用自己的观点来评判别人	○
5. 与事件紧密相关	○
6. 客观中肯	○
7. 用字口语化	○
8. 小题大做	○
9. 用词准确	○
10. 资料清晰	○
11. 拿创意吸引人眼球	○
12. 渲染暴力色情	○
13. 资料正确	○
14. 散布八卦流言	○

（参考答案：1—5：√√××√　6—10：√××√√　11—14：××√×）

工作纸2：

我当小主编

大家来当新闻小主编，从报刊中选取一些自己喜爱的优质新闻，动手DIY剪贴成一份报刊。

报刊名称：________________

第二节　图片讲新闻

·教学目标

学习新闻六要素；认识图片新闻，学习用一组图片讲述新闻故事。

·教学建议

时间	主题	内容／步骤	材料准备	给教师的建议	备注
5分钟	一、知识回顾	1. 回顾上节课的内容 2. 作业分享			
5分钟	二、主题引入	活动：过目不忘 每位同学各自记住一张图片的内容（可以动作为主），当全部图片展示完后，请学生模仿出相应图片中的内容 点评分享： 通过仔细观察才能理解图片所表达的内容	图片若干张		
12分钟	三、主要知识	1. 图片包含的信息 思考：通过观察图片，我们可以发现图片包含了哪些信息（五个W和一个H） 2. 如何正确地观察图片 思考：你会观察图片吗 点评分享：正确观察图片的方法 3. 小练习：欣赏图片《江南》 思考： （1）图上有什么 （2）抓细节 （3）最后连起来说		参考练习资料	
13分钟	四、教学活动	活动：新闻图片播报 1. 展示一组新闻图片 2. 图片新闻报道也包含五个“W”和一个“H”要素，请同学们回忆这“六要素”分别是什么 3. 给出一组图片新闻，请学生尝试讲述新闻图片表达的事件。给出这则图片新闻的原始报道让同学们看 ·小提示： 1. 先观察图片 2. 分析五个“W”和一个“H”是什么 3. 连成通顺的语句	新闻报纸（有附图的）或者新闻图片组图		
5分钟	五、教学总结	1. 总结和巩固本节课的知识点 2. 作业布置			
总计：40分钟					

· 教学内容与环节

一、知识回顾

二、主题引入

活动：过目不忘

【活动规则】

每位同学各自记住一张图片的内容（可以动作为主），当全部图片展示完后，请学生模仿出相应图片中的内容。

点评分享：通过仔细观察才能理解图片所表达的内容。

三、主要知识

（一）图片包含的信息（五个“W”和一个“H”）

活动：看图说话

通过观察这张图片，我们可以发现这张图片包含了以下的信息：

1. when（什么时间）

2. where（什么地方）

3. who（有哪些人物）

4. what（发生了什么事）

5. why（原因是什么）

6. how（结果怎样）

（二）如何正确地观察图片

1. 按顺序：从整体看图，了解图片基本内容。

可以从左到右，从上到下，或从远到近。

2. 分清主次：观察图片上有哪些人物和景物，找出主体是什么。

3. 抓细节：图片中人或物的外貌、动作、神情……

4. 总分总：最后从整体上全面看图，图片在说一件什么事。

小练习：忆江南

【练习资料】图片：《江南》

1. 图上有什么？

2. 抓细节：

（1）荷叶在哪？多不多？大不大？什么颜色？像什么？

（2）荷花在哪？什么颜色？夸夸荷花！试用“冒”字说一说。

（3）小鱼在哪？干什么？试着加上“有的……有的……”

3. 最后连起来说。

【参考答案】

1. 图上有小鱼。小鱼在池塘里，小鱼在做游戏，小鱼在游泳，小鱼真可爱。

——池塘里有很多可爱的小鱼，有的在做游戏，有的在游泳。

2. 图上还有荷花。荷花在荷叶上，粉红色，荷花真漂亮！荷花真美啊！荷花真好看啊！

——从荷叶中冒出了一朵朵粉红色的荷花，真漂亮！

3. 图上还有荷叶。池塘里有好多大大的、碧绿碧绿的荷叶。荷叶像大盘子，荷叶像小伞。

——池塘里有好多大大的、碧绿碧绿的荷叶，就像一把把绿色的小伞。

4. 我们把刚才说的关于小鱼、荷花、荷叶的三句话连起来，变成一段话吧！不过要先说荷叶，再说荷花，最后说小鱼。

——我来讲一讲：

6月荷花盛开的季节，江南水乡的采莲姑娘在池塘里采集莲花。池塘里有好多大大的、碧绿碧绿的荷叶，就像一把把绿色的小伞。从荷叶中冒出了一朵朵粉红色的荷花，真漂亮！池塘里还有很多可爱的小鱼，他们有的在做游戏，有的在游泳，真快活！

四、教学活动

活动：新闻图片播报

【活动规则】

1. 展示一些新闻图片。

新闻图片通过直观形象的画面，能够加深对新闻事实的理解。

火山喷发（国际空间站拍摄）

2011年9月7日，千岛群岛的萨瑞彻维火山喷发。火山喷发出的火山灰将云层蚀出一个大洞。

2. 给出一组图片新闻，让学生尝试进行播报。

提示：1. 先观察图片；2. 分析五个“W”和一个“H”信息；3. 把观察得到的信息连成通顺连贯的句子，构成合理的故事内容。

【活动小结】新闻必须以事实为依据，所以看新闻图片播报必须根据图片的事实进行描述，不能凭空地加上我们想象的内容。

五、作业布置

1. 找一组感兴趣的新闻图片进行播报，下节课带来展示分享。

2. 准备一段40秒以内的新闻报道。可以是新闻报刊文章改编，也可以是学校趣闻等报道。每节课前五分钟，老师可以抽出同学进行播报。

第三章　我当小小播音员

第一节　我当小小播音员

·教学目标

了解广播的语言特点，学习做一个小广播员播报新闻。

·教学建议

时间	主题	内容／步骤	材料准备	给教师的建议	备注
5分钟	一、知识回顾	1. 红领巾播报 2. 回顾上节课内容	PPT		
5分钟	二、主题引入	观看视频：《倒鸭子》 思考讨论：你觉得广播语言有什么要求吗	视频材料：《倒鸭子》		
12分钟	三、主要知识	1. 广播语言的特点 （1）使用规范语言 （2）广播播音语言具有强烈的感知性 （3）声音节奏速度稍慢，重音的表达要突出 2. 广播稿的口语化 （1）多用短句，不适合用结构复杂的长句 （2）多用双音节词，把单音词改双音词 （3）避免用书面语、文言词汇等 （4）形象化			
13分钟	四、教学活动	活动：广播稿的口语化改造小训练 练习一：X电台新闻 练习二：《明日复明日》改编 1. 小组合作：请学生把故事《明日复明日》改为口语化的广播稿 2. 改好后，小组成员练习讲故事 3. 请学生上台朗诵故事			
5分钟	五、教学总结	1. 总结和巩固本节课的知识点 2. 作业布置			
总计：40分钟					

· 教学内容与环节

一、知识回顾

二、主题引入

观看视频：《倒鸭子》

思考讨论：你觉得广播语言有什么要求呢?

三、主要知识

（一）广播语言的特点

广播播音语言是一种听觉艺术，是以文字稿件作为创作依据的，它的创作手段单一。主题的突出、基调的准确、感情的分寸、语气的把握等都是在稿件创作时要把握的。

1. 使用规范语言。

《中华人民共和国国家通用语言文字法》规定："广播电台、电视台以普通话为基本的播音用语。"词汇和语法的使用要按照规范，不可出现错、病句。一般情况下，不应该使用方言。

2. 广播播音语言具有强烈的感知性。

广播播音语言如同真正看到、嗅到、尝到、触到一样。情景的描述要比较仔细，让听众能只通过听，就可以有身临其境的感觉。

3. 声音节奏速度稍慢，音长稍长，重音的表达要突出。

声音饱满，语调丰富，能恰当地表达情感。

（二）广播稿的口语化

广播播报的内容需要人们用耳朵来聆听，因此要求广播稿的语言要口语化，明白易懂。口语化要求写"话"而不是写"文"。

1. 多用短句，少用或不用结构复杂的长句。

2. 多用双音节词，把单音词改成双音词。单音词不如双音词响亮、强烈，多用双音词。

例如：已—已经；并—并且；自—自从；因—因为；虽—虽然；曾—曾经。

3. 避免用书面语、文言词汇等，进行口语化改造。

（1）书面语的改造

例如：至此—这时候；所致—造成；用膳—吃饭；日益—越来越；询问—打

听；部署—安排；行将—就要。

（2）数字的口语化改造

例如：捐款数额为386元，要改造成："三百八十六元"。（小提示：读前要先备稿，注意断音）

4. 形象化。要想抓住听众，就不能说得太抽象，而要尽量形象具体一些。

例如："乐山大佛身高71米，头长14.7米，宽10米，耳长6.72米，脚长11米，宽9米"，改成"乐山大佛有30多层楼高，仅耳朵就有4个成年人叠起来那么长，它的脚背上可以停5辆汽车，它脚的大拇指甲上，可以摆上一桌酒席"。

四、教学活动

活动：广播的口语化改造小训练

练习1：X电台新闻

【练习要求】你是X校园广播台主编，小记者为你送来两则报道，请你挑选适合在电台广播里播报的新闻。

（1）新闻稿一

[X新闻讯]一名六旬老伯昨晨行经校园门口时，意外撞倒，导致头部重创。本校两名放学回家的四年级学生发现后，赶紧联系学校门卫，同时拨打120将老人送医院抢救。

受伤的老人姓鲁，六十岁，被撞倒后额破血流，一度晕厥，经医护人员到场抢救后，渐转清醒，送医院后伤势得到控制……熟悉老人的街坊们称，鲁伯每天早上都到附近公园晨运，今天发生跌倒意外幸好有同学及时帮助，要感谢助人为乐的好学生。

（2）新闻稿二

今天早上10点，校园门口发生一起学雷锋助人为乐的好事。学校两名四年级同学放学时，在校门口发现一名老人不小心跌倒后头部撞伤，他们赶紧告诉学校门卫，同时拨打120把老人送医院抢救。我们要学习这两位同学助人为乐的雷锋精神。（广播新闻）

练习2：广播故事

明日复明日

秋天，大家都忙着劳动、储备粮食，只有小松鼠一直在玩。

冬天，北风呼啸，雪花纷飞，小松鼠着急了："家里已无食物可吃啊！"

无计可施，小松鼠只好到处询问，看谁还有粮食可以借给他。最后，他找到了公鸡哥哥。他对公鸡说："借给我一点粮食过冬吧，我明年一定加倍还你。"公鸡慷慨地把粮食借给了松鼠。

冬天终于过去了，春天来了。公鸡像往年一样勤奋地劳动，松鼠却还是天天玩，他已把还粮食的事忘干净了。

秋收时，公鸡迎来一个大丰收。他的粮食在粮仓里堆起来有2米高。松鼠玩了一年，什么收获也没有。

冬天又至，松鼠的肚子饿得咕咕作响，他再也没有心思玩了。看着家里空的粮缸，松鼠傻眼了：这个冬天如何过呀？想到这里，松鼠真是后悔极了。

【练习要求】

（1）小组合作：请学生把故事《明日复明日》改为口语化的广播稿。

（2）改好后，小组成员练习讲故事。

（3）请学生上台朗诵故事。

参考答案

广播故事《明日复明日》改造重点参考：

秋天，大家都忙着劳动、储备粮食，只有小松鼠一直在玩儿。

冬天，北风呼呼地吹，雪花纷纷飞扬，小松鼠着急了："家里已经没有食物可以吃了啊！"

没有办法，小松鼠只好到处打听，看谁还有粮食可以借给他。最后，他找到了公鸡哥哥。他对公鸡说："借给我一点粮食过冬吧，我明年一定加倍还给你。"公鸡大方地把粮食借给了松鼠。

冬天终于过去了，春天来了。公鸡像往年一样勤奋地劳动，松鼠却还是天天玩儿，他已经把还粮食的事情忘得干干净净了。

秋天丰收的时候，公鸡迎来了一个大丰收。他的粮食在粮仓里堆起来有2米高，像一座小山一样。松鼠玩了一年，什么收获也没有。

冬天又来了，松鼠的肚子饿得咕咕作响，他再也没有心思玩了。看着家里空空的粮缸，松鼠傻眼了：这个冬天该怎么过呀？想到这里，松鼠真是后悔极了。

五、作业布置

请在报刊里找出一篇自己喜欢的新闻报道，运用所学知识改为广播新闻稿，请下节课带来展示分享。

第二节　声音里的故事

· 教学目标

利用听觉，通过合理想象，寻找新闻故事的要素，并有条理地叙述出来。

· 教学建议

时间	主题	内容／步骤	材料准备	给教师的建议	备注
5分钟	一、知识回顾	1. 红领巾播报 2. 回顾上节课内容			
5分钟	二、主题引入	活动：听声辨音 分别给出四段声音 引出：声音在媒介传播中起了很大的作用，声音为我们传递了很多重要的信息。 音色是声音的感觉特性，不同物体的音色都各不相同，所以我们可以根据音色分辨出发声物体是什么	音频材料	仔细听声音，可以从中获取信息。	
10分钟	三、主要知识	声音中的新闻要素 让学生回想刚才活动听到的声音，列出各种声音，让学生进行归类： 1. 雨声，打雷，风声，属于天气类，联想出时间（下雨天之类的，暂时没想到直接表达时间的声音） 2. 火车声，飞机，联想出地点 3. 动物声，对话声，联想出人物 4. 开门声，打乒乓球，打篮球等，联想出在干什么 点评分享： 懂得从声音里的信息中找出时间、地点、人物、事情等新闻四要素，了解发生的事件			

（续表）

时间	主题	内容／步骤	材料准备	给教师的建议	备注
15分钟	四、教学活动	活动：小记者现场播报 给出两段声音 1. 播放第一段声音，让学生分别找出新闻“四要素”（或“六要素”）并将这些要素组成通顺的句子将这件事叙述出来 2. 分组听完第二段声音后请同学上台说出他们听到声音后想到的故事	音频材料		
5分钟	五、教学总结	1. 总结和巩固本节课的知识点 2. 作业布置			
总计：40分钟					

· 教学内容与环节

一、知识回顾

二、主题引入

活动：听声辨音

【活动目的】这里主要是让学生可以分辨出不同物体发出的声音，而这些声音尽量包括时间、地点、人物、事情等要素，也是为下面的内容做个准备。

【活动环节】分别给出四段声音：

第一段：下雨，打雷，风声等

●提问：这是什么声音?

第二段：火车声，飞机声，地铁声等

●提问：这是什么声音?

第三段：不同动物叫声

●提问：这是什么声音?

两个人或三个人对话声等

●提问：里面有多少个人在说话?

第四段：开门声，打乒乓球，打篮球等

●提问：这是什么声音?

【活动小结】音色是声音的感觉特性，不同物体的音色都各不相同，所以我们可以根据音色分辨出发声物体是什么。

三、主要知识

声音中的新闻要素

1. 归类声音

让学生回想活动一听到的声音。列出各种声音：

雨声、喝水声、敲门声、狗叫声、打雷声、电话铃声、火车声、轮船汽笛声、小鸟叫、暴风声、喘气声、刷牙声、咳嗽声、打碎玻璃、跑步声、下课铃声、婴儿笑声……

2. 找出新闻四要素（或六要素）

让学生按四要素进行归类。

雨声、打雷、风声属于天气类，联想出时间；火车声、飞机，联想出地点；动物声、对话声，联想出人物；开门声、打乒乓球、打篮球等，联想出在干什么。

（1）时间：雨声、打雷声、暴风声

（2）地点：电话铃声、火车声、轮船汽笛声、下课铃声

（3）人物：狗叫声、小鸟叫、婴儿笑声

（4）事情：喝水声、敲门声、喘气声、刷牙声、咳嗽声、打碎玻璃、跑步声

四、教学活动

活动：小记者现场播报

【活动规则】1. 播放第一段声音，让学生分别找出新闻“四要素”（或“六要素”），并将这些要素组成通顺的句子将这件事叙述出来。

2. 分组听完第二段声音后请同学上台说出他们听到声音后想到的故事。

五、作业布置

准备一段自己喜爱的新闻广播进行播报。（限时：3分钟）

第四章　我当出镜小主播

第一节　视频讲新闻

· 教学目标

了解电视新闻的要素，学习观看视频播报新闻。

· 教学建议

时间	主题	内容／步骤	材料准备	给教师的建议	备注
5分钟	一、知识回顾	1. 红领巾播报 2. 回顾上节课内容			
8分钟	二、主题引入	活动：考考同学们的反应 1. 播放一段短片，看完后请同学们填空 2. 填完以后，请同学根据自己所填的答案讲述视频中的故事 小结：从活动中我们了解到，当一名小记者需要非常灵敏的反应，将现场的场景马上用简单的语言表达出来	视频材料	先让同学们回忆一下讲述事情的六要素	
10分钟	三、主要知识	新闻播报的构成要素： 1. 导语——用简单的语句，交待新闻背景，引起观众的对新闻的兴趣，有提示作用 2. 主体——以具体的新闻事实材料为基础，向观众讲述清楚一个新闻 3. 结尾——对新闻事实的概括总结	视频材料	结合视频讲解	
12分钟	四、教学活动	活动：我是新闻播报员 根据老师提供的视频以及新闻背景文字，现场播报出一段完整的新闻报道，播报必须包含三个部分：导语、主体、结尾	视频材料、背景文字纸		
5分钟	五、教学总结	1. 总结和巩固本节课的知识点 2. 布置作业			
总计：40分钟					

· 教学内容与环节

一、知识回顾

二、主题引入

活动：考考你的应变能力

【活动目的】1. 找出视频中事件的六要素；2. 边看视频，边讲故事。

【活动规则】1. 播放一段简单的短片，看完后请同学们填空。

时间：________ 地点：________ 人物：________

起因：________ 经过：________ 结果：________

2. 填完以后，请同学根据自己所填的答案讲述视频中的故事。

【活动小结】从活动中我们了解到，当一名小记者需要非常灵敏的反应，将现场的场景马上用简单的语言表达出来。

三、主要知识

新闻播报的构成要素：

1. 导语：用简单的语句，交待新闻背景，引起观众对新闻的兴趣，具有提示作用。

2. 主体：以具体的新闻事实材料为基础，向观众讲述清楚一条新闻。

3. 结尾：对新闻事实的概括总结。

四、教学活动

活动：我是新闻播报员

【活动规则】根据老师提供的视频以及新闻背景文字，现场播报出一段完整的新闻报道。

【活动要求】播报必须包含3个要素：导语、主体、结尾。

【活动提示】1. 要把书面文字转变成口头语。

2. 播报前要有礼貌地自我介绍。

五、作业布置

回家观看一段视频，并现场播报给爸爸妈妈听。

第二节　我当出镜小主播

· 教学目标

掌握出镜主播的礼仪，模拟真实情景，训练学生现场出镜播报新闻。

· 教学建议

时间	主题	内容／步骤	材料准备	给教师的建议	备注
5分钟	一、知识回顾	1. 红领巾播报 2. 回顾上节课内容			
8分钟	二、主题引入	活动：比比谁更好 1. 观看视频：《新闻联播》片段 2. 邀请同学上台播报 3. 比一比，谁的礼仪做得好 思考：出镜主播应该注意哪些礼仪	视频材料：《广东新闻联播》和《今日关注》		
10分钟	三、主要知识	主播出镜小礼仪： 主播的各种姿势、手势、脚的动作等都是礼仪的外在表现，在整个主持或播报的过程中，上下台步伐、站立姿势、手势动作、表情风度最能体现主播的礼仪 1. 出场台步 2. 站立姿势 3. 手势动作 4. 表情风度			
12分钟	四、教学活动	活动：主播礼仪大PK 1. 播放一段小视频 2. 学生叙述发生的事情（老师可先跟大家分析六要素） 3. 先邀请一位同学上台以新闻播报的方式展示出来，同时注意礼仪 4. 邀请觉得自己能表现得更好的同学上台PK，台下的同学当小评委	视频		
5分钟	五、教学总结	1. 总结和巩固本节课的知识点 2. 布置作业			
总计：40分钟					

· 教学内容与环节

一、知识回顾

二、主题引入

活动：比比谁更好

【活动规则】1. 观看视频：《新闻联播》片段。

2. 邀请一位同学上台播报。

3. 比一比，谁的礼仪做得好。

【活动引出】思考：出镜主播应该注意哪些礼仪?

三、主要知识

主播出镜小礼仪

主播的各种姿势、手势、脚的动作等都是礼仪的外在表现，在整个主持或播报的过程中，上下台步伐、站立姿势、手势动作、表情风度最能体现主播的礼仪。

1. 出场台步

出场时要大方自然，上身要挺拔向上，双臂自然地前后摆动，幅度不要过大，头不要昂得过高，目光平视正前方。

2. 站立姿势

丁字步站立，两腿不要紧贴在一起，前后交叉距离要适中；注意把全身重量放在一只脚上，另一只脚虚设，保持身体平衡；两手不做动作时自然下垂，微微弯曲。

3. 手势动作

要结合内容考虑手部动作和幅度，不能随心所欲，切记挠头、揉眼等不雅动作。当表达积极意义，如希望、肯定等意思时，手往往向上、向前、向内；当表达消极意义，如批判、否定等意思时，手往往向下、向后、向外。

4. 表情风度

在主持的过程中，观众关注的焦点一般都集中在主播的脸部，所以要注重用眼神跟观众交流，通过眼睛和表情将“喜、怒、哀、乐”表现出来。

四、教学活动

活动：主播礼仪大PK

【活动规则】1. 老师播放一个小视频；

2. 学生叙述发生的事情（老师可先跟大家分析六要素）；
3. 先邀请一位同学上台以新闻播报的方式展示出来，同时注意礼仪；
4. 邀请觉得自己能表现得更好的同学上台PK，台下的同学当小评委。

五、作业布置

1. 把你身边最近发生的有趣事情写成新闻，并对着镜子练习播报。
2. 请收集自己喜欢的报刊版面设计，下节课带来跟大家分享。

第五章　我做小美工

· 教学目标

了解版面编排技巧，学会安排版面布局。

· 教学建议

时间	主题	内容／步骤	材料准备	给教师的建议	备注
3分钟	一、知识回顾	1. 红领巾播报 2. 回顾上节课内容			
7分钟	二、主题引入	活动：谁的更好看 1. 分享自己喜欢的报刊版面设计 2. 学生小组内比比谁带的报刊版面设计更精美 思考：版面设计重不重要	版面设计精美的报刊		
8分钟	三、主要知识	记者从寻找新闻、采访、写作、拍照、配插图等劳动，最终要靠“版面”体现出来，通过版面将内容呈现给读者 1. 版面的作用 （1）版面能代表小记者发言 （2）版面能吸引读者阅读 2. 怎样安排版面布局			
17分钟	四、教学活动	活动：齐齐来编报 1. 分组讨论版面设计 2. 在白纸上用粘贴或绘画的方式将设计展示出来 3. 小组派代表上台展示和说明设计理念	报刊、剪刀、固体胶、彩笔、白纸		
5分钟	五、教学总结	1. 总结和巩固本节课的知识点 2. 作业布置			
总计：40分钟					

· 教学内容与环节

一、知识回顾

二、主题引入

活动：谁的更好看？

【活动规则】1. 学生分享自己喜欢的报刊版面设计（从排版的样式、插图、标题放置等版面设计方面引入）。

2. 比比谁带的报刊版面设计更精美。

【活动引出】思考：版面设计重不重要?

三、主要知识

记者寻找新闻、采访、写作、拍照、配插图等劳动成果，最终要靠“版面”体现出来，通过版面将内容呈现给读者。

（一）版面的作用

小记者编辑报刊是从确定报道内容开始的，而读者们却是从看版面开始的。所以，版面设计得好坏直接影响到小记者的劳动成果能不能更有效地传达给读者。

1. 版面能代表小记者发言

如果把一篇报道或内容放在了头版头条（第一版的左上方），还加上边框，就表现出了编者对这篇报道非常重视。相反，如果将这篇报道放在最后一版的一个小角落，那就表明编者并不认为这篇报道很重要。

2. 版面能吸引读者阅读

一个版面如果编排得井井有条，装饰得五彩缤纷，读者一看便很想阅读。但是，如果编排得杂乱无章，黑压压一片，读者就难以产生阅读的兴趣。所以，能吸引人的版面要做到有条理，再适当加装饰。

“条理”就是要把新闻、故事、知识等各种稿件分类型、分主次，再安排各类型的位置和顺序，做到井然有序。“装饰”就是运用不同的字体、字号、插图、花边、排版样式等手段，让版面产生美感。

（二）怎样安排版面布局

1. 版面的组成

标题：每篇文章的题目

正文：版面的主体

栏目：杂志报刊定期刊登同类文章的园地

2. 如何排版

（1）空出四边：

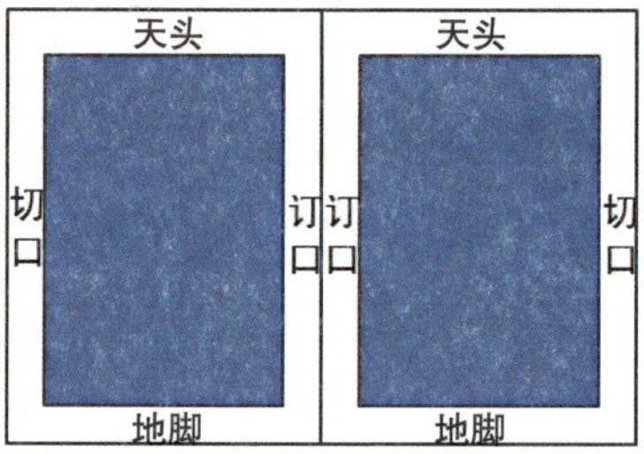

（2）安排好主题位置，可以用几个方框表示；

（3）安排各篇文章的位置，可用较大的框表示，根据读者从左到右、从上到下的阅读习惯进行排版，把最重要的内容放在版面的左上区；

（4）用小方格画出文章标题的位置，并对标题加以装饰。可以直接在标题上装饰，也可以在四周装饰。

四、教学活动

活动：齐齐来编排

【活动规则】1. 学生分组，3—4人一组；

2. 小组讨论如何设计一页报纸或杂志版面，可利用自己带来的报刊，将上面有用的元素剪下来；

3. 在白纸上用粘贴或绘画的方式将设计展示出来；

4. 完成后，小组派代表上台展示并说明设计理念。

五、作业布置

未完成作品的小组课后继续完善，下节课带来与大家分享。

第六章　我做新闻摄影师

· 教学目标

认识新闻摄影的特点及拍照前的准备工作，学习简单的新闻摄影常识。

· 教学建议

时间	主题	内容／步骤	材料准备	给教师的建议	备注
5分钟	一、知识回顾	1. 回顾上节课内容 2. 作业分享			
5分钟	二、主题引入	活动：木头人 分享点评：（轻松气氛）你觉得游戏中最有趣的场景是什么？你善于观察吗			
15分钟	三、主要知识	在拍照时不能"乱拍一气"，要在摄影前先想好拍什么样的照片 1. 新闻摄影拍什么 凡属于最新发生的重要事实，又适合用画面形式表现的，可用新闻照片来报道。 新闻照片要有：新闻性、真实性、动感和文字说明 2. 拍照前的准备工作 （1）相机准备：相机要随时准备好，检查电池的储电量、记忆棒或内存卡的使用空间，包装好放在摄影包里 （2）心理准备：要有拍照意识 ①预告事件：事先了解活动内容，设定好拍照场面等 ②突发事件：要迅速反应，看准拍摄 3. 照片怎样拍得更好看：九宫格构图法			
10分钟	四、教学活动	活动一：新闻照片我来挑 从不同的照片中挑选出新闻照片，并说明你依据什么来判断 活动二：我当摄影小记者 拍摄若干幅照片后，大家一起来选一选，看哪一幅最能打动自己，并说明为什么			
5分钟	五、教学总结	1. 总结和巩固本节课的知识点 2. 布置作业			
总计：40分钟					

·教学内容与环节

一、知识回顾

二、主题引入

活动：木头人

1. 同学们一起叫口令："我们都是木头人，不许说话不许动，不许走路不许笑！"

2. 口令完毕，所有学生立即保持静止状态，无论本来是什么姿势，都必须保持不动。

3. 如果有一人先忍住说话，或者笑，或者行动，则这个人是游戏失败者。其他人可以罚他唱歌、讲笑话等。

4. 然后再开始下一轮木头人游戏。

三、主要知识

在拍照时不能"乱拍一气"，要在摄影前先想好拍什么样的照片。

（一）新闻摄影拍什么

1. 凡属于最新发生的重要事实，又适合用画面形式表现的，可用新闻照片来报道。例如校内外重要活动、社会重大事件等。

2. 新闻摄影不同于平日拍照，要有：

（1）新闻性：表现新闻事件；

（2）真实性：不能摆拍；

（3）有动感：画面里感觉有动作；

（4）有说明：要配文字说明交代新闻五要素。

（二）拍照前的准备工作

1. 相机准备：相机要随时准备好，检查电池的储电量、记忆棒或内存卡的使用空间。将它们包装好放在摄影包里，要保护好相机。

2. 心理准备：要有拍照意识。

（1）预告事件：要事先了解活动内容，事前设定好几个拍照的场面和角度，假设临场会发生什么变化做好备案等。

（2）突发事件：要迅速反应，看准场景，立即拿起相机拍摄。

（三）照片怎样拍得更好看

九宫格构图法：九宫格构图将被摄主体或重要景物放在“九宫格”交叉点的位置上。“井”字的四个交叉点就是主体的最佳位置。一般认为，右上方的交叉点最为理想，其次为右下方的交叉点。

四、教学活动

活动一：新闻照片我来挑

从不同的照片中挑选出新闻照片，并说明你是依据什么来判断的。（结合新闻照片区别于平日照片的特点）

活动二：我当摄影小记者

再玩一次“木头人”游戏，有的同学玩，有的同学负责拍照，轮流当一名摄影小记者，拍摄报道本次课堂活动。拍摄若干幅照片后，大家一起来选一选，看哪一幅最能打动自己，并说明为什么。

【点评分享】

1. 摄影前有哪些准备工作?
2. 要有拍照意识，可事先设计好几个拍照场景和角度（可邀请几位同学分享下自己的镜头设计）。

五、布置作业

挑选一幅自己最喜爱的新闻照片，也可尝试自己拍一拍并写出照片说明。下节课带来跟大家展示分享。

第七章　我来做广告

・教学目标

了解广告语的特点，体验自己创作广告。

・教学建议

时间	主题	内容／步骤	材料准备	给教师的建议	备注
5分钟	一、知识回顾	1. 回顾上节课内容 2. 作业分享			
5分钟	二、主题引入	活动：我猜我猜，我猜猜猜 1. 请将广告语与商品连线，猜猜广告语的主角是谁（广告商在卖什么广告） 2. 分组讨论，并讲出答案 3. 将连好的广告语读一遍	PPT		
10分钟	三、主要知识	认识广告语言的特点 1. 简洁凝练 2. 明白易懂 3. 朗朗上口 4. 新颖独特，富有情趣 5. 主题突出	视频材料		
15分钟	四、教学活动	活动：大家一起卖广告 1. 以圆珠笔、矿泉水、眼镜为广告商品，分组讨论所选取商品的广告语，插入情景剧，最后邀请小组上台一起卖广告 2. 通过广告创意活动，培养学生的再创能力及创新能力	一瓶矿泉水、一支圆珠笔、一副眼镜		
5分钟	五、教学总结	1. 巩固知识点 2. 作业布置			
总计：40分钟					

・教学内容与环节

一、知识回顾

二、主题引入

活动：我猜我猜，我猜猜猜

【活动规则】1. 请将广告语与商品连线，猜猜广告语的主角是谁？（广告商在卖什么广告）

知我冷暖者知我心。	海飞丝
我要我的滋味。	雷达牌电蚊香
无屑头发，更自在的表达。	高露洁牙刷
全面口腔洁净。	伊利优酸乳
有渴望，没口渴。	Olympus相机
蚊子杀杀杀。	吹风筒
精彩随心，精巧随行。	百事可乐

2. 分组讨论，并讲出答案。

- 我的名声是吹出来的。（吹风筒）
- 头屑去无踪，秀发更出众。（海飞丝）
- 一毛不拔。（牙刷）
- 新的一代选择。（百事）
- 蚊子杀杀杀。（雷达牌驱虫剂）
- 人生难忘片断，永留印记。（Olympus 相机）

3. 将连好的广告语读一遍。

三、主要知识

认识广告语言的特点

1. 简洁凝练

广告语抓住重点、简明扼要。广告语可以是单句也可以是对句。一般来说，广告语的字数以6—12个字（词）为宜，一般不超过12个字。

如：讲好普通话，朋友遍天下。（“说普通话”公益广告语）

2. 明白易懂

广告文字必须清楚简单、容易阅读、用字浅显，符合潮流，内容又不能太抽象，使受过普通教育的人都能接受。

如：蚊子杀杀杀。（雷达驱虫剂）

3. 朗朗上口

广告语要流畅，朗朗上口，可读性强，抓住受众的眼球和受众的心，容易记忆。

如：农夫山泉，有点甜。（农夫山泉矿泉水）

好空调，格力造。（格力空调）

4. 新颖独特，富有情趣

广告语的表现形式要独特，可以用拟人的手法，排比句等句型，生动有趣，形象活泼。

如：汽车要加油，我要喝红牛。（红牛饮料）

5. 主题突出

广告的标题是广告正文的高度概括，它所概括的广告主体和信息必须鲜明集中，人们看到它就能理解广告主要宣传的是什么。

如：怕上火，喝加多宝。（加多宝凉茶）

四、教学活动

活动：大家一起卖广告

【活动目的】培养学生的再创能力及创新能力。

【活动要求】1. 以圆珠笔、矿泉水、眼镜为广告商品，分组讨论所选取商品的广告语，插入情景剧，最后邀请小组上台一起卖广告。

2. 通过广告创意活动，培养学生的再创能力及创新能力。

五、作业布置

请在生活中找出两则自己喜欢的广告语并记录下来；另外自己选择产品或品牌，为它们创作广告语，下节课带来跟大家展示和分享。

第八章　我是网络信息小管家

· 教学目标

认识网络信息资源，学习网络信息的搜集、检索技巧。

· 教学建议

时间	主题	内容／步骤	材料准备	给教师的建议	备注
5分钟	一、知识回顾	1. 回顾上节课内容 2. 作业分享			
5分钟	二、主题引入	提问：哪个地方你能查到更多的信息？课本？学校图书馆？市图书馆？网络？			
25分钟	三、主要知识	1. 网络信息资源知多少 （1）网络信息资源知多少 （2）引出：我们该怎样搜索需要的信息资源 2. 认识检索工具 （1）最常用的网络信息资源检索工具是搜索引擎，例如百度、谷歌等 （2）简单介绍百度和谷歌 3. 检索方法 （1）关键词的抽取 （2）怎样来搜索 ①连接词："与"、"或"、"非"等 ②精确搜索 ③符号搜索 （3）更多分类搜索服务		重点讲关键词的抽取和精确搜索，连接词、符号搜索，可以略讲	
5分钟	四、教学总结	1. 总结和巩固本节课的知识点 2. 作业布置	作业纸		
总计：40分钟					

· 教学内容与环节

一、知识回顾

二、主题引入

网络信息资源

提问：在哪个地方你能查到更多的信息？课本？学校图书馆？市图书馆？网络？

三、主要知识

（一）网络信息资源知多少

简单地说，网络信息资源是指通过网络生产和传播的一类电子型信息资源。

它以数字化形式记录，以多媒体形式表达，分布式存储在网络计算机的存储介质以及各类通信介质上，并通过计算机网络通信方式传递具有使用价值的信息内容的集合。网络信息资源日益成为人们获取信息的首选来源。

不过，网络信息资源浩如烟海、杂乱无章，我们应该怎样搜索出需要的信息资源呢?

（二）认识检索工具

最常用的网络信息资源检索工具是搜索引擎，例如百度、谷歌等。

1. 百度（www.baidu.com）提供网页、新闻、音乐、图片、视频、地图、文档等多样化内容的搜索服务；创造了以“贴吧”、“知道”、“空间”、“百科”等为代表的搜索社区；还提供天气查询、货币换算、计算器、手机号码等实用生活信息的查询服务。

2. Google（www.google.com.hk），中文名谷歌，主要为中国用户提供网页、新闻、图片、视频、地图等多种内容的搜索服务。

（三）检索方法

1. 关键词的抽取

搜索的误区：把自己想到的全部输入进去检索。

如何抽取关键词：

（1）用名词、术语或有检索意义的实质性词语做关键词。

（2）注意同义词、近义词或者相关词的不同表达方式。例如：internet、web、www。

（3）构建关键词时尽量不用自然语言（所谓自然语言，就是我们平时说话的语言和口气），而要从自然语言中提炼关键词。

2. 搜索语法

了解和掌握搜索语法能帮助我们有效地提高搜索效率（以百度和谷歌为例）。

（1）连接词：“与”、“或”、“非”。

①“与”，同时搜索两个或以上的关键词。表达式：A B（A B之间空一格）

②“或”，搜索词不用同时出现，但至少出现一个，多用在有近义或同义的关键词。表达式：番茄|西红柿（百度）；番茄OR西红柿（谷歌）。

③“非”，排除某一个词，让它在检索结果中不出现。表达式：A -B（-与A之间要留有空格）

搜索举例：①媒介素养；②番茄或西红柿；③媒介但非媒体

检索式：①媒介　素养

②百度：番茄|西红柿；谷歌：番茄OR西红柿

③媒介—媒体

（2）精确搜索

操作符	表达式	功能	百度 / Google
“ ”	“A”	强制长关键词的精确匹配搜索	“”没有中英文状态的要求
《 》	《A》	强制书刊名、歌曲名等精确匹配搜索	《》应是中文状态的书名号

搜索举例：①“媒介即信息”这句话是谁提出的?

②搜索《广州少先队媒介素养教育》这本书的信息。

检索式：①“媒介即信息”

②《广州少先队媒介素养教育》

（3）符号搜索

符号是一种特殊语句，或者称为省略搜索。主要有星号（*）和问号（？），用来模糊搜索文件。当查找文件夹时，可以使用它来代替一个或多个真正字符。例如：张衡是*人

Google使用的通配符为星号“*”，“*”能代替一个英文单词或任意一个汉字。例如：take* of

百度不支持通配符搜索。

3. 更多分类搜索服务

（1）百度“更多”服务：新闻、贴吧、知道、MP3、图片、视频、地图、文档搜索、词典、百科、文库、百度统计、百度数据研究中心、百度指数、百度老年搜索、百度儿童搜索等。

（2）Google“更多”服务：新闻、地图、视频、音乐、财经、翻译、博客、图书、学术搜索、265导航等。

四、作业布置

完成工作纸《我的检索》。

答案参考

Baidu：小学|青少年　媒介素养教育　重要性（找到相关结果约128，000个）

Google：小学OR青少年　媒介素养教育　重要性（找到约82，900条结果）

工作纸：

我的检索

回忆一下，今天我们学了哪些搜索引擎，有什么检索方法，你还记得吗？

1. 我接触过哪些搜索引擎：______________________________

2. 我会用今天学的检索方法检索这些信息（分别填到检索框中）：

· 媒介素养教育对我们来说为什么很重要呢?

3. 通过这个搜索方法，我分别找到了__________、__________个／条结果。

第九章　我的微博我作主

· 教学目标

了解微博的功能，学习微博的制作技巧。

· 教学建议

时间	主题	内容／步骤	材料准备	给教师的建议	备注
5分钟	一、知识回顾	1. 回顾上节课内容 2. 作业分享			
3分钟	二、主题引入	老师：如果有一些见闻或感想想让同学、朋友们知道和分享，你一般会用什么媒介? 引出：微博是新的信息发布和交流平台，要学会如何使用和制作			
16分钟	三、主要知识	1. 认识微博 （1）简单介绍微博 （2）引出微博的重要性 2. 微博功能多，如何使用 （1）选择工具 （2）管理标签 ①“我的标签” ②微博“标签” （3）建立话题 （4）发起投票 （5）创建微群 3. 微博制作小技巧 （1）精心写好第一句话 （2）配合图片，发前检查 （3）保护好自己和家人、朋友的个人隐私	关于微博功能和微博界面的图标		
10分钟	四、教学活动	活动：我来制作微博 可选用微博拼图软件小助手，把心爱的图片拼起来，做一个家庭亲子活动日志			
5分钟	五、教学总结	1. 总结和巩固本节课的知识点 2. 作业布置			
总计：40分钟					

· 教学内容与环节

一、知识回顾

二、主题引入

提问：如果有一些见闻或感想想让同学、朋友们知道和分享，你一般会用什么媒介？

引出：微博是新的信息发布和交流平台，要学会如何使用和制作微博。

三、主要知识

（一）认识微博

微博是当前最重要的言论平台之一，是信息公开的新渠道；许多新闻都取材或来源于微博，成为了即时新闻最重要的信息源头，也是发表自我意见的平台。

——关注机制：我可以关注别人，别人也可以关注我

——简短内容：通常为140字

——广播式：公开的信息，谁都可以浏览

（二）微博功能多，如何使用

1. 选择工具

（1）浏览器

（2）电脑桌面客户端

（3）手机、平板电脑等客户端

（4）手机短/彩信版

2. 管理标签

（1）“我的标签”：在个人标签里添加了描述自己兴趣、爱好、专业等方面的关键词，能让更多人通过标签找到你，同时也能让你找到更多的同类好友。例如：红领巾成长小记者、摄影爱好者、绘画、旅游等。

（2）微博“标签”：新浪微博在“我的首页”正文上方，有对微博正文内容进行三大分类：微博、心情和个人资料。而在“微博”下还有几项分类：全部、原创、标签……

这里的微博“标签”有别于“我的标签”，是用来分类微博内容的标签。

“标签”的内容定义是由自己创建的，用来对自己所发或转发的微博内容进行贴签分类。这方便了对自己所有发文或者转发的微博内容进行分类，也让浏览者更

有自主选择性地浏览你的微博。例如：广告、新闻、报刊、视频、摄影等。

3. 建立话题

除了在微博上发表心情、加好友，也可以在微博上建立话题，发表自己对事情的看法，同时，也可以通过点击进入话题或搜索话题，看看别人的看法。

只需要在发表“广播”的窗口，点击“话题”，然后在“#”与“#”之间写上话题的名称，就可以发表自己对这个话题的言论和看法了，如“#红领巾成长小记者#”

4. 发起投票

除了发表话题，还可以用更直接的方法来了解别人对事件的态度，那就是投票。只需要点击“广播”窗口下方的附近的“投票”，输入投票的标题和选项，例如：你想当小记者吗？就可以成功发起投票了。

5. 创建微群

微群是微博群的简称，加入到感兴趣的微群里面，可以和志趣相投的朋友们以微博的形式更加方便地交流；还可以自己创建微群吸引别人的参与。在微群里面可以发长文、发文件、发起活动和话题讨论等。

（三）微博制作小技巧

1. 精心写好第一句话。微博的第一句话非常重要，必须要吸引别人眼球，就像新闻标题一样，这样才能引起别人的点击和转播的兴趣。

2. 配合切合主题又吸引人的图片，发出之前，检查有没有错别字。

3. 不要随便把你或者朋友的个人资料发上微博。网上经常会出现个人资料、图片被盗用的情况。一旦你的资料外泄，你就无法阻止它在网上传播。所以，这是对你和朋友的个人隐私及尊严的保护。

重要的个人资料包括：姓名、出生年月、学校班级、手机号码、证件号码、家庭住址、照片等。

四、教学活动

活动：我来制作微博

【活动规则】可选用微博拼图软件小助手，例如：美图秀秀等进行照片拼图。

1. 选择一种自己喜欢的拼图模式。　　2. 可以直接将图片拖到模板中。

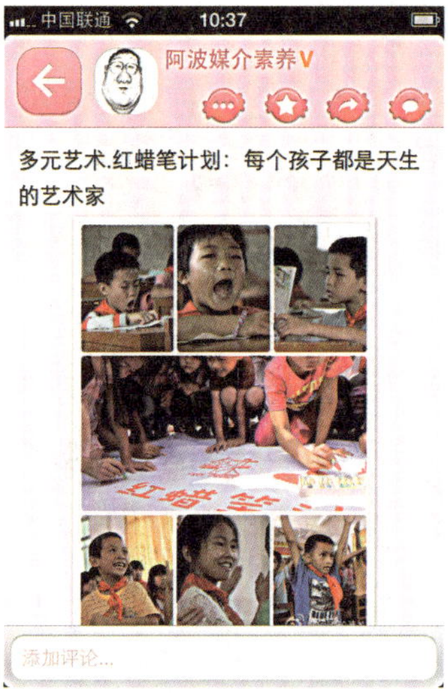

你也来试试，快把你心爱的图片拼起来，做一个家庭亲子活动日志，讲述一个故事吧！

【活动小结】要发挥微博的功能和优势：学生可以利用微博发表自己的所见所闻，让师生和家长积极参加和关注消息；学生可以在微博上向老师提问；家长、学生、老师可以通过学校的官方微博随时紧密关注学校动态……

五、作业布置

开通自己的微博，根据今天所学的方法去使用微博，并运用所学的技巧写一篇微博博文，可截图打印出来。

将自己身边健康向上的红领巾见闻，以文字及图片的形式发送微博，并“#红领巾成长小记者#……@红领巾成长小记者”进行报料或直播现场活动。所发送的腾讯微博“红领巾成长小记者”话题将同步展示在广州市少先队网红领巾成长小记者官方网站（http://gz.dsrgrouth. com）首页。

第十章　玩转“媒介魔方”

第一节　我是小故事大王

· 教学目标

了解新闻的四要素／六要素，并学习运用新闻要素讲述事件。

· 教学建议

时间	主题	内容／步骤	材料准备	给教师的建议	备注
5分钟	一、知识回顾	1. 回顾上节课内容 2. 作业分享			
9分钟	二、主题引入	活动：新闻要素对对碰 分组，每组抽出4张卡片，利用这四张卡片组成一个叙述一件事情的句子并贴在黑板上 · 提问：能否完成任务？若不能完成，为什么	准备四类的词语，每类10个。时间类（例如“昨天”、“刚刚”、“星期几”等），地点类，人物类，事件类（例如“打电话”）		
12分钟	三、主要知识	1. 事件的四要素／六要素 无论我们在说故事还是播报事件，四要素是一件事最基本的构件。而当我们要详细地播报一件事时，必须说清楚六要素			When where who Why What how
		2. 讲述事件的技巧 （1）要把事件的六要素说清楚 （2）改变叙述人称 （3）把叙述改为对话或把对话改为叙述	练习材料 也可写两件事，每件事50字以内，须包含时间、地点、人物、事件等要素		
9分钟	四、教学活动	活动：消息传输机 1. 老师说一句话或一个小故事，学生一个接一个地把事情传下去 2. 提问最后一名学生：“老师刚刚说了一件什么事情？”	练习材料		
5分钟	五、教学总结	1. 总结和巩固本节课的知识点 2. 布置作业			
总计：40分钟					

· 教学内容与环节

一、知识回顾

二、主题引入

活动：新闻要素对对碰

【活动准备】

准备四类的词语，每类10个：时间类（例如“昨天”、“刚刚”、“星期几”等），地点类，人物类，事件类（例如“打电话”）。

【活动规则】

分组，每组抽出4张卡片，利用这四张卡片组成一个叙述一件事情的句子，并贴在黑板上。

· 提问：能否完成任务？若不能完成，为什么？

【活动小结】事件的四要素／六要素

三、主要知识

（一）事件的四要素／六要素

新闻六要素：when（什么时间），where（什么地方），who（有哪些人物），what（发生了什么事），why（原因是什么），how（结果怎样），即五个“W”和一个“H”。

无论我们在讲故事还是播报事件，四要素（时间、地点、人物、事情）或六要素是构成一件事最基本的要素。而当我们要详细地播报一件事时，必须说清楚这六要素（时间、地点、人物、事情起因、经过、结果）的内容。

（二）讲述事件的技巧

当你复述一件事给别人听的时候，不是要求一字一句、原封不动地把说话者的语句“播放”给你的听众“听”，而是要经过整理后“告诉”大家。

四、教学活动

活动：传输机

【活动目的】学习怎样复述

【活动规则】

1. 老师先向第一位同学讲述一句话或一个小故事，学生一个接一个地把事情传下去。

2. 提问最后一位学生：“老师刚才说的是一件什么事情？”

【活动小结】

1. 要把事件的六要素说清楚。

2. 改变叙述人称。

3. 把叙述改为对话或把对话改为叙述。

练习材料

【练习一】请向别人讲述下列事件。

1. 凉爽的夏天小鸟叽叽喳喳地叫，穿着清凉背心的老人们都喜欢到河边的树阴下钓鱼。

2. 今天早晨凉风阵阵，身穿洁白羊毛外套的天气预报员在广州气象台发布了西伯利亚来的寒流即将南下的消息。

3. 根据国家规定，2012年五一节期间有三天放假，放假期间少年宫停课，放假时间是4月27日（周五）—4月29日（周日）。

【练习二】请把下列小故事讲给别人听。

1. 一个寒冷的冬天，一位老奶奶提着菜篮在街上买菜。地很滑，老奶奶走着走着，不小心摔倒了。我跑到老奶奶身边，说："老奶奶，我扶您起来。"老奶奶笑着说："你真是一个好孩子！"我听了，开心地笑了。

2. 一天早上，我睡醒了，起床看见爸爸妈妈都准备要出门。我说："爸爸妈妈这么早就上班啦，真辛苦，爸爸妈妈再见！我也要做个好孩子。"然后我换好衣服，吃完早餐就背起书包上学去了。

3. 星期天的早上，我和爸爸到清澈的小河边钓鱼。等了一会，我不耐烦了，生气地扔下了鱼竿，对爸爸说："没有鱼上钩，我们走吧！"爸爸说："做一件事要一心一意……"于是，我拿起鱼竿继续钓鱼。

4. 春天的清晨，我和小伙伴来到河边草滩上。河里的鱼儿快乐地游来游去，风儿轻轻地吹着，鸟儿叽叽喳喳地歌唱。看到这美好的景色，我跟小伙伴说："多美啊，不如我们在这儿讲故事吧！"于是，小伙伴翻开书，给我讲丑小鸭变成美天鹅的故事，我开心地笑了。

五、作业布置

请写一篇200字以内的新闻报道，叙述自己身边发生的事情，下一节课带来跟大家展示分享。

第二节　“媒介魔方”传信息（1）

· 教学目标

了解不同媒介传递信息的差异，学习将同一新闻用不同的媒介形式来报道。

· 教学建议

时间	主题	内容／步骤	材料准备	给教师的建议	备注
5分钟	一、知识回顾	1. 红领巾播报 2. 回顾上节课内容			
5分钟	二、主题引入	活动：认识各具特色的新闻媒体 1. 展示同一条新闻在报刊、广播、电视的播报内容 2. 分小组比赛，说出他们各自的不同点			
10分钟	三、主要知识	1. 各种新闻媒体所用的表达手法。 （1）电台：写法较口语化，用字精炼，多用短句 （2）电视新闻：写法与电台新闻一样，电视新闻更会配合影像撰写 （3）报刊：报刊新闻则以书面语写作，多用书面词汇，背景资料较详细 2. 认识不同媒介中的新闻 不同的媒介，如电视、广播电台、报纸，由于具有不同的特性和功能，它们构建新闻现实的方法有所不同。报道同一则新闻，不同的媒介传达不同的信息			
15分钟	四、教学活动	活动一：我来做选择 1. 分组讨论平时通过哪些媒介获取信息 2. 小组代表分享 3. 给出几种不同的情况，让学生判断该从哪种媒介去获取新闻 点评分享：作为媒介受众，了解各媒介的特性，能更善于使用媒介，用不同的角度看新闻 活动二：媒介魔方——媒介信息的转换 选一个自己喜欢的新闻事件并将它转换成不同的媒介形式新闻			
5分钟	五、教学总结	1. 总结和巩固本节课的知识点 2. 作业布置			
总计：40分钟					

· 教学内容与环节

一、知识回顾

二、主题引入

活动：认识各具特色的新闻媒体

【活动规则】1. 展示同一条新闻在报刊、广播、电视的播报内容；

2. 分小组比赛，说出他们各自的不同点。

【点评分享】介绍各种新闻媒体所用的表达手法。

1. 电台：写法较口语化，用字精炼，多用短句。

2. 电视新闻：写法与电台一样，电视新闻更会配合影像撰写。

3. 报刊：报刊新闻则以书面语写作，多用书面词汇，背景资料较详细。

三、主要知识

认识不同媒介中的新闻

不同的媒介，如电视、广播电台、报纸等，由于具有不同的特性和功能，它们构建新闻现实的方法有所不同。报道同一则新闻，不同的媒介传达不同的信息。

1. 电视

影音混合的媒介，最大的特点是以画面吸引观众，因此电视的新闻逻辑是以画面为主导，选插简短的访问声带，新闻故事强调动感及人物，重视是否好看及吸引观众。

2. 广播电台

由于有声无画，广播新闻重视现场背景声音和访问。广播新闻不求详尽，只想以最快的时效送上新闻简报，不断更新。

3. 报纸

由于每天只出版一次，所以以新闻资料详尽和报道深入取胜。报纸新闻追求独家，寻求独特的新闻角度去报道事件，重视新闻照片及图片，头条新闻力求有卖点及吸引力，可以在报摊上把对手比下去。

4. 电子报

最大的优点是有互动及连结功能，信息储存量丰富，读者有更大的选择权去按自己的兴趣搜索资讯。

四、教学活动

活动一：我来做选择

【活动规则】1. 分组讨论平时通过哪些媒介获取信息。

2. 小组代表分享。

3. 给出几种不同的情况，让学生自己判断应该从哪种媒介去获取新闻。

【活动材料】判断：

1. 刘先生想粗略了解今天国内发生的新闻，越多越好。（上网／手机）

2. 刘先生在地铁和车上无聊，想了解最新的新闻。（手机／广播）

3. 刘先生想在中午休息前详细看下今天的新闻。（报纸／电视午间新闻）

【活动小结】作为媒介受众，了解各媒介的特性，能更加善于使用媒介，用不同的角度看新闻。举例来说，电子新闻网站最能提供即时新闻，其次是广播电台的新闻简报，若想知道最新的新闻，可以选择收听广播电台或者上网搜索。而电视新闻能帮助观众更加了解事件的现场情况，但是只能了解事件报道角度的这个侧面，报纸则较能让读者深入了解事件的来龙去脉。

活动二：媒介魔方——媒介信息的转换

【活动规则】选一个自己喜欢的新闻事件并将它转换成不同的媒介形式新闻，例如电视、广播和报纸三种不同形式的新闻稿。

五、作业布置

继续完成新闻稿，下节课带来跟大家展示。

第三节 “媒介魔方”传信息（2）

· 教学目标

通过情景剧表演与电视新闻的对比，让学生认识媒介报道故事与真实故事的不同，认识到新闻报道因报道观点和角度不同导致了传播信息的不同。

· 教学建议

时间	主题	内容／步骤	材料准备	给教师的建议	备注
5分钟	一、知识回顾	1. 回顾上节课内容 2. 作业分享			
5分钟	二、主题引入	活动：请把事情告诉我 1. 表演一个情景剧 2. 学生叙述发生的事情 3. 邀请几位同学参与情景剧表演 4. 让扮演不同角色的同学，谈谈对这件事情的看法		可邀请多位同学说，让他们认识到没有固定的答案，因为大家的观点或留意到的细节不同	
25分钟	三、教学活动	活动一：态度的表达 看视频思考：两个节目对于同一件事件的报道，有什么不同 提示：主播、记者对事件的态度表达的不同 知识要点： 当我们作为新闻小记者时，必须以中立的立场对事件进行报道，不应该在播报事件的过程中表达自己的情感与态度	视频材料：《广东新闻联播》和《今日关注》		
		活动二：故事连连串 1. 分组 2. 每组分得三样道具+一个关键词，小组成员利用这些元素，发挥想象，共同创作一个1分钟的故事，并表演出来 3. 各组表演情景剧 4. 邀请“小记者”（其他组同学）对剧中角色进行采访，提问“刚刚发生了什么事” 5. 邀请小组成员说出事件 点评分享：思辨新闻	参考活动材料	在创作故事开始前，提示学生故事必须具备四要素。可从动作或道具中体现。 引导时提出，故事必须要有两个或以上的角色。	
5分钟	四、教学总结	1. 总结和巩固本节课的知识点 2. 布置作业			
总计：40分钟					

·教学内容与环节

一、知识回顾

二、主题引入：请把事情告诉我

【活动规则】表演一个情景，请学生说出，刚刚发生了一件什么事。

1. 表演一个情景剧。

2. 学生叙述发生的事情（老师可先跟大家分析六要素）。

3. 邀请几位同学参与到情景剧表演中（扮演），代替其中一位演员的角色（剧情可能会发生改变）。

4. 让扮演不同角色的同学，谈谈对这件事情的看法（请一位同学作为小记者，采访事件中的各人）。

三、教学活动

（一）态度的表达

【活动要求】看视频思考：两个节目对于同一件事件的报道，有什么不同?

【活动材料】

1. 新闻节目

观看视频：《广东新闻联播》

2. 时事节目

观看视频：《今日关注》

【活动引出】当我们作为新闻小记者时，必须以中立的立场对事件进行报道，不应该在播报事件的过程中表达自己的情感与态度。

（二）故事连连串

【活动规则】1. 学生分组。

2. 每组分得三样道具+一个关键词。小组成员利用这些元素，发挥想象，共同创作一个1分钟的故事，并表演出来（请小组讨论并排练）。

3. 各组表演情景剧。

4. 邀请“小记者”（其他组同学）对剧中角色进行采访，提问“刚刚发生了什么事”。

5. 邀请小组成员说出事件。

【活动要点】1. 利用元素创作情景故事并表演；

2. 要把事件的六要素说清楚；

3. 改变叙述人称；

4. 把叙述改为对话或把对话改为叙述。

【分享点评】思辨新闻

看新闻之外再问一些思辨性问题，如：我们可以得到全部的新闻故事吗？哪一类的故事没有被报道？那些遗失的资讯可以帮助你了解新闻吗？

【活动材料】

1. 教学活动一：情景剧

人物：老太太　肇事司机　路人A　路人B　路人C

一天中午，火热的太阳当空照，大街上，行人纷纷快速行走。突然，一阵刺耳的刹车声传来——马路上一个老太太被一辆汽车撞倒在地上，不停地发出呻吟声。肇事司机见撞到人，围观的路人也越来越多，便立刻慌乱地驾车逃走了。这时路人A见到老人躺在地上，便毫不犹豫地走到老人身边，把她扶了起来。

路人A：老婆婆，你没事吧？要不要送你去医院？

老婆婆：哎呦哎呦！！我的脚好痛！是你把我撞倒的吗？

路人A：不是不是，我是过来扶你的，撞你的那个司机逃跑了。

老婆婆：哎呦，一定是你撞我的，不然你干吗那么好心过来扶我！一定是你，我要报警！小伙子你太不厚道了，撞了人还不承认！

老婆婆和路人A都看向围观的人，但是围观的人纷纷摇头，躲避路人A和老婆婆的目光。

2. 教学活动二：道具+关键词

（1）道具：旺仔牛奶　扫把　杯子

关键词：流浪猫

（2）道具：字典　镜子　眼镜

关键词：考试

四、作业布置

简单记录电视新闻的某一则内容，同时上网和看报纸，找到同一则新闻在网络和报纸上的报道，并比较其异同。

第十一章　有话我会好好说

· 教学目标

了解罗伯特法则的议事规则，学习理性表达。

· 教学建议

时间	主题	内容／步骤	材料准备	给教师的建议	备注
5分钟	一、知识回顾	1. 红领巾播报 2. 回顾上节课内容			
8分钟	二、主题引入	活动：观看视频《萝卜开会（上）》 请留意观察小甜甜的家庭会议在没有规则的情况下是怎样的 思考：如何解决开会时出现“野蛮争论”、“跑题”、“一言堂”、“打断”等问题	视频材料：《萝卜开会（上）》		
12分钟	三、主要知识	1. 萝卜法则（罗伯特议事规则） （1）建立议事规则： ①不攻击——就要文明表达规则 ②不跑题——一时一件规则 ③不超时——限时限次规则 ④不打断——发言完整规则 （2）主持人中立规则 主持人不得发表意见，不得总结别人发言，必须保持中立和公正 （3）议事的礼仪规范 2. 如何用“萝卜法则”开会			
10分钟	四、教学活动	活动：小小议事堂前奏 观看视频《萝卜开会（下）》 思考讨论：小甜甜的家庭会议有了“萝卜”规则后跟之前相比，有了怎样的变化	视频材料：《萝卜开会（下）》		
5分钟	五、教学总结	1. 总结和巩固本节课的知识点 2. 作业布置			
总计：40分钟					

· 教学内容与环节

一、知识回顾

二、主题引入

活动：《萝卜开会（上）》

【活动规则】1. 观看视频《萝卜开会（上）》，留意观察小甜甜的家庭会议在没有规则的时候是怎样的?

2. 提问：你觉得他们的会议有什么问题吗？你听到了什么?

3. 分享讨论：该如何解决开会时出现的这些问题?

例如：（1）野蛮争论

（2）跑题

（3）一言堂

（4）打断

三、主要知识

（一）“萝卜法则”

由美国著名议学家亨利·马丁·罗伯特归纳的《议事规则》，又叫“罗伯特议事规则”或称“萝卜法则”，它详细阐述了主持会议、辩论、意见的表达、表决等规则，能帮助我们避免争执，顺利举行会议。罗伯特议事规则的宗旨，是在尊重每位参会者平等权利的前提下，使会议有效率地进行，形成有行动效力的会议决议。

1. 建立议事规则

“野蛮争论”、“跑题”、“一言堂”和“打断”是议事过程中常出现的问题，要使得议事能顺利地进行，首先是要建立规则。

（1）不攻击。要避免野蛮争论，就要文明表达规则：禁止人身攻击、质疑动机、扣帽子、贴标签等。

（2）不跑题。一时一件规则：同一时刻只能处理一个问题，这样才能避免跑题。

（3）不超时。限时限次规则能避免“一言堂”：同一问题，规定每人只能发言几次，每次几分钟。

（4）不打断。发言完整规则：不得打断别人的正当发言。

2. 主持人中立规则

如果是议事的主持人发言时跑题、攻击、独占、打断，该怎么办？谁来监督主持人的发言?

主持人也会犯错，这也是人性的一部分。主持人是裁判员，所以他不应是运动员；主持人有主持权，那么他就应放弃发言权。主持人角色化、功能化、专心维护规则才能使得规则真正执行，人们才会对规则有信心。

主持人应遵守主持人中立规则：主持人不得发表意见，不得总结别人发言，必须保持中立和公正。

3. 议事的礼仪规范

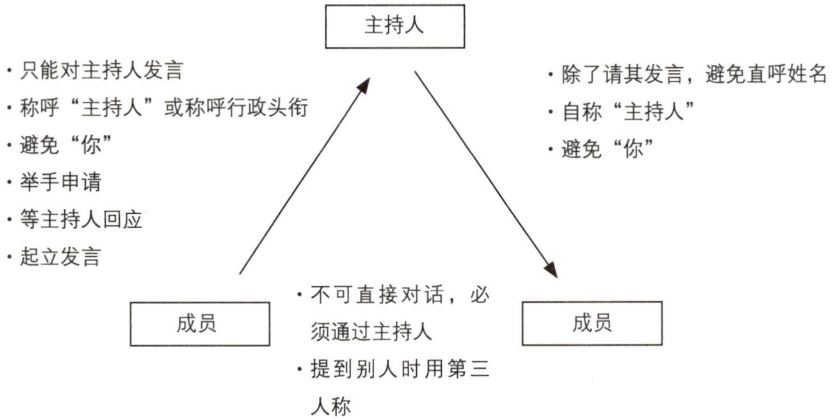

（二）如何运用“萝卜法则”开会

1. 会议前，确定会议主持人，选出记录员，约定好每人的发言时间。队务会议一般由队干或队委主持。待队员充分发表意见后，主持人再作总结或发表个人意见。

2. 发言要围绕主题，言简意明。不要随便打断别人的发言，如有不同意见，应等别人说完后再举手申请发言。语言要文明有礼，禁止人身攻击和辱骂。

3. 主持人可根据会议时间进行个人发言计时和控制。

4. 如需要作出会议决议，可采取举手表决的形式，当赞成人数过半时表决通过，否则否决。

四、教学活动

活动：小小议事堂前奏

【活动规则】1. 观看视频《萝卜开会（下）》，讨论小甜甜的家庭会议有了“萝卜”规则后跟之前相比，有了怎样的变化。

2. 分组分配任务，为开展红领巾议事堂做准备。

全班分成2大组，每组包括1名主持人、正方和反方。正、反方各派代表发言。

【活动内容】议题：网络的利与弊

正方：网络的利大于弊

反方：网络的弊大于利

五、作业布置

小组分工选择自己喜爱的议题并收集资料，开展一次小小议事堂。

工作纸：

家庭会议记录

学完“萝卜”开会法则，请你将家庭会议内容记录下来。想一想，你们家的家庭会议是否按“萝卜”法则进行呢？

会议记录
会议主题：
会议时间：
会议地点：
参会人员：
主持人：
会议内容：

第二单元　媒介技能实践活动

第一章　活动目标

在媒介技能实践活动中，同学们以“小记者”的身份和视角走进社会各行各业，通过所学习的媒介本领，将在采访实践活动中的所见所闻通过广播、报纸、视频、电子报、微博等媒介手段制作报道出来，同时表达自己独特的见解和观点。

第二章　活动准备

做好采访前的准备工作，是小记者不容忽视的一项工作。正所谓“成功只属于有准备的人”，一次成功的体验活动，必须有充分的准备。

采访前的准备工作一般有两种：一是常规性准备，二是临时性准备。常规性准备包括了一般采访必备的知识性、程序性的准备；临时性的准备，则是接到紧急采访任务，或没有经历过的采访任务后，立即进入临战状态，弄清采访路线，明确采访目标，赶赴现场。临时性的准备也有赖于常规性准备的反复实践总结，只有平时善于积累，苦练基本功，才有可能在突发事件时临危不乱，快速应对。

常规性的准备工作包括：

1. 知识准备

（1）明确采访目的

每次采访前，记者首先要明确这次采访的目的。比如要去采访一个人物，就要明确为什么要去采访他，他是一个什么样的人物，他主要的事迹是什么；如果是采访事件，就要大概掌握这是一个什么事件，是一般事件还是典型事件，对这一事件的来龙去脉应有所了解；如果是采访一次活动，要了解这个活动是由谁主办的，在哪里进行，活动包括哪些内容；如果是采访一次会议，要先了解会议的议程及主要精神等等。

（2）了解采访对象

采访前，对采访对象有一个基本的了解，这对于我们顺利地打开采访大门、很快地进入角色、恰当地提问和获取更多的新闻素材大有好处。通常，我们应该了解采访对象的性别、年龄、职业、经历、兴趣、特长、有何成绩和贡献等基本情况，对这些情况有了大致的了解，采访时才能做到心中有数，找到共同语言，采访对象也会乐意与你交谈。

（3）安排采访程序

采访前要事先安排好采访时间、采访地点、采访顺序。有时，采访涉及的人物不单是一个人，可能是几个人或更多的人；采访涉及的地点也可能不只在一处。在采访前，要根据具体情况，安排好采访顺序，从而提高采访效率，确保采访任务顺利完成。

（4）拟订报道提纲

为了使采访有条不紊地进行，采访前要列一个采访提纲，重点要列出向采访对象提出的问题。

在采访前，可以填写采访计划，作为参考：

采访计划	
采访目的	
采访时间	
采访对象及其基本资料	
采访程序	
采访提纲	
注意事项	

2. 物品准备

采访时需带齐采访本、笔、照相机、录音笔及采访的有效证件——小记者证、“绿马甲”等装备。

3. 心理准备

提前估计可能存在的困难和意外、调节自己的情绪是小记者的基本素质。采访时，需要沉着冷静，显示出小记者的风采。

第三章　采访活动的注意事项

外出进行社会体验采访活动时，学生应注意以下事项：

1. 仪表及着装

（1）活动期间统一穿戴小记者马甲或校服、佩戴红领巾、持小记者证上岗，保持干净整洁，并需在活动中或往返活动途中穿着小记者制服装备；

（2）遵守着装规定，将马甲、T恤露在裤子外面，不得将马甲围在腰间或披在肩上；

（3）不佩戴夸张饰物，不穿拖鞋或凉拖，不佩戴墨镜，户外不打伞遮阳。

2. 遵守纪律、秩序

（1）参与活动要守时，如有特殊原因需请假者应及时向老师报告。

（2）活动期间要认真履行小记者职责，遇到任何困难都应及时向老师汇报。

（3）活动期间，除了采访需要外，不得在行动时间嬉戏玩耍。小休或活动间隙，不得闲逛或擅自离开活动区域。

（4）活动时间不向采访对象索取礼品等，不擅自接受服务对象的馈赠。

（5）在采访过程中不得嘲笑、辱骂他人。遇到误解、发生意见冲突等时，应保持冷静和克制，理性对待并及时向指导老师反映。

（6）遵守秩序并将通信工具调至静音状态，不大声喧哗或交头接耳。

（7）活动结束后，应随手带走垃圾，还原场内布置，保持场地干净整洁。

3. 文明用语

（1）采访前应先做自我介绍，主动报出岗位和个人姓名："您好，我是红领巾成长小记者XXX"，并对所有配合采访的对象表示感谢；

（2）不向采访对象回答"不知道"或"这事不归我负责"，要及时向指导老师反映情况；

（3）增强自我保护意识，对于采访对象提出的超出采访活动范围的要求，可根据实际情况婉言拒绝。

4. 证件使用规范

（1）活动期间正确佩戴证件，佩戴时保持证件位置端正，不得遮挡证件主要信息；

（2）妥善保管好本人证件，严禁出借及超范围使用证件；

（3）不得私自涂改、伪造、变造和损毁证件。

第四章　活动设计

第一节　小神警雄风

1. 场馆简介：特警基地

2. 活动目标：

（1）增强防盗防骗安全防范意识

（2）锻炼采访、写作、拍照技巧

3. 活动流程：

（1）观看防盗、防爆、缉毒、救护演习

（2）进行防骗、防毒、防盗等应急避险知识学习

（3）采访特警战士，进行心得体会交流

（4）邀请小记者代表向体验单位赠送纪念品（由体验单位领导受领）

（5）合影留念

第二节　地税开放日

1. 场馆简介：地税局

2. 活动目标：

（1）开展地税知识教育

（2）锻炼采访、写作、拍照技巧

3. 活动流程：

（1）参观地方税务局

（2）开展地税专题教育

（3）与专业人士进行交流分享

（4）邀请小记者代表向体验单位赠送纪念品（由体验单位领导受领）

（5）合影留念

第三节　体验中医药文化

1. 场馆简介：“神农草堂”中医药博物馆
2. 活动目标：

（1）培养科技素养

（2）锻炼采访、写作、拍照技巧

3. 活动流程：

（1）学习科学理念、介绍科技成果

（2）参观中医药草堂、养植园等

（3）采访专家，开展养植心得体会交流

（4）邀请小记者代表向体验单位赠送纪念品（由体验单位领导受领）

（5）合影留念

第五章　活动总结及成果展示

经过学习，同学们基本掌握了不同媒介信息的制作技巧。在参与社会体验活动后，小记者们要及时将精彩照片、文章通过不同媒介进行发布。以下是几种不同媒介发布的方法及途径。

1. 新闻报道

（1）发布途径

①向当地少先队队刊专栏投稿；

②可及时登录当地少先队网站上传投稿。稿件应按照网站投稿格式撰写，署名统一在稿件右下角，以“学校名称、姓名”的格式标注。

（2）写作要求

①新鲜。消息的内容要新。

②真实。小记者在写消息的时候，一定要核实事实，不能为了追求“新鲜”而随便夸张。

③快速。注意消息的时效性，抢发新闻，争取成为重大事件报道的“第一人”。

④简洁。要求小记者写的消息要简洁凝练。

⑤短小。用最简短的篇幅表现尽可能多的内容。

注：若有照片请配照片，要求是800×600像素以上。

（3）范例

红领巾成长小记者社会体验之旅
——走进特警训练基地

2011年3月19日，红领巾成长小记者精英社会体验之旅启动，第一站是广州特警训练基地。

19日上午7点45分，大约100名红领巾成长小记者精英冒着绵绵春雨，早早来到广州市第一少年宫北门集合，小记者们分七个组乘三辆大巴，浩浩荡荡地向社会实践之旅的第一站——位于白云大道北的广州市公安局特警训练基地进发。

启动仪式很快开始了，刘武彬、张海波等领导嘉宾参加了启动仪式，在领导致辞之后，小记者郑可彤、张珺、刘逸婷等八位同学上台给八位特警叔叔佩戴红领巾和志愿彩；郑可彤、张珺代表小记者给特警们送展示新广州美景的镜画，刘逸婷给特警们送旗子。现场气氛十分热烈。

启动仪式后，小记者们观看精彩的特警演习，亲身体验特警训练、警犬演练、防暴预案等项目。接着，小记者们有幸参观了特警宿舍。然后，小记者们参观了最新警备和聆听了警备知识介绍，亲眼见识了六四式手枪、AK47A冲锋枪等各式各样的真枪，以及追捕车等装备。小记者还在特警叔叔的帮助下爬上了特警专用车，一展威风！最后，是小记者警民采访交流时间，小记者先后采访了特警林蒂沙姐姐和周溪叔叔，他们都谈到特警很苦，但是，这份工作很有意义，能帮助人解除危难，能够为人民服务，为社会做点事情，这是他们的快乐，还要我们小学生学习特警的吃苦精神和对社会的奉献精神。

——红领巾成长小记者：原天府路小学　郑可彤

2. 校园小报

（1）发布途径

校园黑板报、宣传栏、手抄报等。

（2）制作要求

①精悍、精致。内容要精，选取与体验活动相关的短小精悍的文章；制作要精，规格以四开为宜，确定合理的版式；选纸要精，尽量选取质地较厚的纸张。

②美观、工整。美观并不是花里胡哨，而应该清新悦目。工整要求标题要用美术字体；文章要抄写工整；报面也要简洁。

（3）范例

社会体验报道《广州市公安局特警训练基地体验手抄报》

——鹤洞小学红领巾成长小记者团作品

3. 微博

（1）发布途径

在新浪微博（http：//weibo.com）或腾讯微博（http：//t.qq.com/）“@红领巾成长小记者”，将自己身边健康向上的红领巾见闻，以文字及图片的形式发布到微博上，并“#红领巾成长小记者#……@红领巾成长小记者”进行报料或现场直播活动。

（2）写作要求

①字数在140字以下。

②不得发布虚假、煽动信息。

③语言简练。

注：若有照片请配照片，像素不限；在发布时可以在新浪、腾讯官方微博上“@红领巾成长小记者”。

（3）范例

今天我们走进特警基地，记者发现特警队员个个高大威武。我们不仅见识了各种各样的真枪，还在特警叔叔的帮助下爬上了特警专用车，真威风呀！@红领巾成长小记者 @都市人成长

2分钟前　来自新浪微博　　删除 | 👍 | 转发 | 收藏 | 评论

4. 手机报

（1）发布途径

参加广州市少年宫少儿融合媒体实验室。

（2）编辑要求

①思考新闻信息的“含金量”，对新闻进行选择。

· 新鲜。包括时间新和内容新两方面

· 重要。

· 接近。地理上的接近和年龄、心理上的接近

· 趣味。

②对新闻信息进行删减。手机报中一篇消息的字数不应超过150字，应只保留最主要的信息。

③对新闻消息进行配图。

（3）范例

手机彩信报内容如下：

广州市少先队媒介素养教育实践基地六一前成立

（2012年）5月25日，国内首个“儿童融合媒体实验室”在广州市第二少年宫揭幕。“儿童融合媒体实验室”由信息处理区和信息发布区两大部分组成。队员们可以在信息处理区里进行文字编辑、图片处理和综合编辑等，将处理好的信息在信息发布区里制作成队刊、网络微博、手机彩信报等媒介信息发布出去。

美国专家PETET教授为精英小记者授课

（2012年）4月8日，美国新闻界传奇人物、红领巾成长小记者团外籍新闻导师Peter Herford教授为200多位小记者讲授了第一堂课：“Let's look at tomorrow”。Peter教授通过动物与人的交流、同声翻译电子产品、三维打印机、可折叠式电脑的发明等讲述了新媒介技术的飞速发展对我们未来生活的影响与促进作用。

议事专家袁天鹏给少理事上课

（2012年）5月6日，广州市少年宫少先队工作部邀请美国议事专家协会（NAP）中国首位会员、议事规则专家袁天鹏为广州市、区少理事、红领巾成长小记者精英们进行议事规则专题培训。

“红领巾”向人大代表提交议案

（2012年）5月25日，广州市第二少年宫隆重举行庆六一广州市少先队媒介素养教育主题活动之“红领巾议案”表彰暨“媒介与我们”红领巾议事堂活动。队员们就“如何让媒介更美好”这一议题向人大代表提交优秀红领巾议案。

【红领巾成长手机报—媒介素养教育专版】

主办：广州市少年宫少先队工作部

承办：红领巾成长小记者团　广州市少年宫融合媒体实验室

编辑：张鸿睿　赖虹羽　林雅婷　张祺

后 记

在诸多教育、传媒学界前辈和各学科专家老师的帮助和支持下，本套《媒介素养》教材和教学参考终于与读者见面了。从2008年起，时任广州市少年宫副主任、广州青年报社总编辑的张海波先生，带领一群有志于本土媒介素养教育推广的青年老师和青少年媒体工作者，在借鉴香港、台湾等地区儿童媒介素养教育实践的基础上，结合本地情况，在广州市少年宫成长空间率先开展了“小记者媒介素养教育”实践课程。6年间，从家长最初不知“媒介素养”为何物的情况，到发展成为少年宫内颇受欢迎的热门课程，2000多名学员在广州少年宫成长空间接受了系统的小记者媒介素养课程培训，上万名中小学生参加了由少年宫和报社组织的媒介实践活动。

2010到2011年期间，时任广州亚组委志愿者部部长助理和宣传策划与研究办主任的张海波，利用组织亚运志愿者活动的有利契机，带领广州青年报社和广州市少年宫的相关编辑记者和老师，策划实施了“亚运志愿者通讯社”、“亚运小记者团”和“亚运志愿全媒体”的工作，提出“我志愿，我报道”的亚运新闻志愿者的服务理念，通过讲座、活动、采编实践等，在亚运会期间开展了大规模的青少年媒介素养教育和自媒体创建实践，产生了很大的社会影响。在短短一年多的时间里，广东全省50多所高校、200多所高职、中职中技、中小学校，建立了校园志愿者通讯社和小记者站点，动员了上万名大中小学生组成“新闻志愿者”队伍，指导学生新闻志愿者自采自编志愿者报、手机报，建立志愿者宣传网站。（相关研究见广州亚运会、亚残运会志愿服务丛书之《亚运小志愿者新体验》和《亚运志愿全媒体：志愿服务传播新模式》）

2011 年底，时任广州市少先队总辅导员的张海波先生牵头组成课题组，成功申报了广东省社会科学院青少年成长教育研究中心重点课题“青少年媒介素养教育研究”，聘请了知名教育专家、媒体专家作为顾问， 组建了由少年宫老师、少儿媒体工作者、少先队辅导员等跨学科人才联合组成的课题组团队，进一步全面系统开展媒介素养教育研究与实践。2012年又成功申报了中国少先队工作学会“十二五”课题 “少先队媒介素养教育研究”，将教学实践从少年宫扩展到广州市11间子课题学校，形成了少年宫、家庭与学校互相衔接，活动与课程相结合，面向家长、学生和辅导员老师，适合中国国情和特色，相对比较全面和完善的少先队媒介素养教育教学体系。

参与课题研究、教学活动和资料收集及编写的人员还包括：杨晓红、郑旖旎、金光风、陈启立、凌可仁、 邱丽华、 敖爱珠、吴姗滢 、陈丽銮 、徐玥、陈誉、彭炫珣、麦洁君、古雯瑶、梁浩荣、吴启凡、陈惠英、彭迟、赵晖、郑楚卉、张洁琼等。

课题组的教研活动得到了中国少先队工作学会、广东省教育厅、共青团广州市委员会、少先队广州市工作委员、广州市教育局等各级领导的重视与支持。

2012年7月，由广州市教育局和团市委共同成立了广州市青少年媒介素养教育领导小组，市教育局、团市委主要领导任小组组长。广州市的青少年媒介素养教育迈上了一个新台阶。

本课题的成功实施还要特别感谢中国少先队工作学会副会长陈冰清、广东省社会科学院青少年成长教育研究中心执行主任张人杰教授、广州大学副教授何薇、广州市教育局思政处处长丘毅清的支持和指导。

在此，我们感谢各级领导对课题组给予的支持和指导，感谢各位顾问对编写本教材的指导，感谢南方报业传媒集团相关领导和南方日报出版社社长周洪威的支持，感谢一切对本教材提出宝贵意见、提供过帮助和支持的所有专家、学者、老师和辅导员。

由于时间仓促，书中的错误在所难免，肯请使用者批评指正。在本书使用中如有任何问题或建议，敬请联系南方日报出版社教育出版中心，电话：020-83000627，E-mail：nfjycb@163.com。

“青少年媒介素养教育研究”课题组

2013年5月

与本教材有关的教学课件和课题组研究动态，可关注：

课题组官方网站：www.abmjsy.com

新浪微博：阿波媒介素养

官方微信公共账号：abomeijiesuyang （二维码）